이주 노동자를 묻는 십대에게

이주노동자를 묻는 십대에게

움직이는 노동력 뒤 진짜 사람 이야기

세상을묻는십대

초판 1쇄 발행 2021년 10월 15일
초판 4쇄 발행 2022년 12월 10일

글쓴이	이란주
그린이	JUNO
펴낸이	이영선
책임편집	김영아
편집	이일규 김선정 김문정 김종훈 이민재 김영아 이현정 차소영
디자인	김회량 위수연
독자본부	김일신 정혜영 김연수 김민수 박정래 손미경 김동욱

펴낸곳 서해문집 | 출판등록 1989년 3월 16일(제406-2005-000047호)
주소 경기도 파주시 광인사길 217(파주출판도시)
전화 (031)955-7470 | 팩스 (031)955-7469
홈페이지 www.booksea.co.kr | 이메일 shmj21@hanmail.net

ISBN 979-11-90893-96-1 43330

움직이는
노동력 뒤
진짜 사람
이야기

이주
노동자를
묻는
십대에게

이란주 글 | JUNO 그림

서해문집

자기만의 Why

이주노동자의 삶?
내가 그걸 왜 알아야 하지?

이주자 없는 대한민국은 상상할 수 없어!

이주노동자가 없다면 우리 사회는 어떻게 될까요? 다양한
영역에서 생산 활동, 돌봄 활동을 하는 이주자가 없다면
사회는 멈춰 서게 될지도 몰라요. 우리 곁에서 소중한
역할을 해내고 있는 이주자에 대해 알아봐요.

이주자의 인권은 곧 나의 인권!

모두의 생명과 안전, 인권은 연결되어있어요. 예를 들어 장애인 이동권을 보장하기 위해 지하철역에 만든 엘리베이터는 건강이 취약한 모든 이들을 도와줘요. 한편 농어촌에서 일하는 이주자가 평등하고 행복해야 도시인의 먹거리도 건강해집니다. 게다가 이주자를 차별하여 그들에게 낮은 임금을 줘도 된다고 허용하면 여성, 청소년, 노인도 낮은 임금을 강요받기 쉬워요. 다른 사람이 차별받을 때 눈 감으면 그 차별은 곧 나를 향할 거예요.

이주자는 우리 사회를 넓혀주는 고마운 존재!

이주자는 출신국과 한국 사이를 오가며 두 나라를 연결하고
소통하게 해요. 이주자가 연결 끈이 되어 우리 사회는 다른
사회와 깊이 연결되지요. 이주자가 가져온 문화는 우리 삶을
풍요롭게 해요. 이주자 누구나 인격을 가진 인격체이고 저마다
문화를 생산하고 누리는 문화 주체입니다. 두 팔 벌려 이주자와
그 문화를 받아들인다면 우리 사회는 그만큼 넓어지고 깊어질
거예요.

나도 이주자가 될 수 있다!

지금 대한민국에서 살고 있나요? 앞으로는
어디에서 살고 공부하며 일하게 될까요?
미래에는 지금보다 더 쉽게 국경 너머로 이동할
수 있게 될 것이고, 태어난 나라를 떠나 다른
나라에서 지내는 사람이 더 많아질 거예요. 내가
국경을 넘어갔을 때 인권을 보장받고 싶다면,

지금부터 이주자의 인권에 관심을 갖고 세계 모든
나라가 이주자를 보호하도록 촉구해야 해요.

차례

자기만의 Why

이주노동자의 삶?
내가 그걸 왜 알아야 하지? · 4

1 '국제이주'가 뭔가요?

2 이주민 이웃들

3 이주자도 권리가 있나요?

4 공존과 연대가 필요하다

프롤로그

우리가
이주노동자의
삶을

알아야
하는
이유

'이주'는 사람이 다른 지역이나 다른 나라로 이동하는 것을 말해요. 서울특별시에서 부산광역시로, 전라도 목포시에서 강원도 속초시로 이동하는 것처럼 나라 안에서 이동하는 것은 '국내이주'예요. 우리나라에서 호주로, 인도네시아에서 우리나라로 이동하는 것처럼 국경을 넘는 이동은 '국제이주'로 구분해요. 이 책에서는 국제이주를 주로 다루고 있어요.

◇ 이주자(이주민)는 왜 이동하는지, 어디서 어디로 이동하는지,
  자발적인 이동인지, 강제로 하는 이동인지 상관없이
  이동 중이거나 이동해서 옮겨간 사람을 말해요.
◇ 이주노동자는 이주해서 임금을 받기 위해 노동하는 사람을

말하는데, 누구든 일을 하지 않고는 살 수 없으니 이주자는 대개 이주노동자라고 할 수 있어요.

◇ '외국인노동자'라는 용어도 흔히 사용하는데, 이 용어는 한 나라의 울타리 안에서 내국인이냐 외국인이냐를 구분하는 용어예요. 넓은 관점에서 국가 간 이주라는 현상을 담자면 '이주노동자'라는 명칭이 더 적당해요.

2019년 12월을 기준으로 우리나라에 살고 있는 외국인은 250여만 명인데, 이는 대한민국 인구 5천 2백만 명 중 약 4.8퍼센트를 차지해요. 이주노동, 유학, 사업, 국제결혼 등 다양한 이유로 우리나라에 들어오는 외국인 수가 매해 늘어나고 있고, 2015~2020년에는 연평균 9만 7천 명씩 늘어났다고 해요. 코로나19가 심각해서 나라 간 이동이 거의 멈추다시피 한 2020~2021년은 매우 특별한 상황이기 때문에 이 글에서는 2019년을 기준으로 이야기하려고 해요. 2019년, 세계 인구 77억 명 중에서 약 3.5퍼센트인 2억 7천만 명이 자기 나라를 떠나 다른 나라에 살며 일하고 있어요. 그중에서 74퍼센트가 20~64세에 해당하고, 52퍼센트가 남성, 48퍼센트가 여성입니다. 전에는 여성들이 남편 혹은 가족을 따라 이주하는 '동반이주' 성격이 강했지만, 요즘은 자신이 직접 노동자 신분으로 이주하는 경우가 많아지고 있어요.

이주 당사자를 부르는 이름은 이주자(이주민), 이주노동자 외에도 여러 가지가 있어요.

◇ 체류자격을 가지고 있는 사람을 등록 이주민으로, 체류자격을 가지지 못한 사람을 미등록 이주민으로 분류하기도 해요.

◇ 과거에 다른 나라로 떠나 그 나라의 국민으로 정착하여 사는 이들과 그 후손을 '동포'라 불러요. 중국 동포, 고려인 동포, 미국 동포 등이 여기 포함되죠. 동포 중에 다시 한국으로 살거나 일하러 오는 이들도 있어요.

◇ 또 자신이 이주를 결정한 당사자냐 그 후손이냐에 따라 '세대'로 구분하기도 해요. 이주할 당시 독립해서 노동할 수 있는 성인인 경우에는 이주 1세대, 아동기에 보호자를 따라 동반 이주한 경우에는 이주 1.5세대, 이주한 도착지에서 태어난 경우에는 이주 2세대로 분류하고 시간이 흐른 후 태어난 자녀 세대는 3세대 혹은 4세대로 구분해요.

◇ 성장기에 있는 이주자를 이주아동·청소년이라 칭해요.

◇ '난민'은 자신의 나라에서 다양한 이유로 핍박받아 다른 나라로 이주해서 보호를 요청하는 사람을 말해요. 국제사회가 난민을

보호하기 위해 함께 노력해야 해요.

내친김에 더 알아볼까요?

◇ **출신국**: 이주노동자를 내보내는 나라를 일컬어요.(=송출국=출발국)

◇ **취업국**: 자기 나라를 떠난 이주노동자가 도착해서 살거나 일하는 나라를 말해요.(=목적국, 도입국, 유입국, 고용국, 수용국, 도착국, 정착국 등)

◇ **경유국**: 이주자가 출신국을 떠나 목적국에 도착하기까지 거치는 나라를 말해요.

◇ **보호국**: 난민을 보호하는 나라를 말해요.

한국에서 태어나 지금껏 계속 살고 있는 사람이라면 '나는 이주와 아무 관련이 없으니 신경 쓰지 않아도 되겠구나' 하고 생각할 수도 있겠지요? 하지만 그리 간단하지 않아요. 설령 나 자신이 조상 대대로 같은 지역에 살고 있다 하더라도 내 이웃에는 많은 이주자들이 이동해와서 살고 있으니까요. 이웃에 살 뿐만 아니라 내 삶에도 큰 영향을 미칩니다. 나도 모르는 사이에 이주노동자가 가져온 문화를 접하고, 이주노동자가 생산한 물건을 사용하고 음식을 먹으며, 이주노동자의 도움으로

복지를 충족하고 있답니다. 그러니 이 세상에 이주와 관련이 없는 사람은 하나도 없다고 할 수 있어요.

2018년에 영국방송사 BBC가 세계 여러 나라 시민을 대상으로 '배경, 문화 또는 다른 관점을 가진 사람들에 대해 얼마나 관대하다고 생각하는가?'라는 질문을 던졌어요. 이 조사에 참여한 한국인 중 단 20퍼센트만이 '매우 관용적'이라고 응답해서, 조사에 참여한 27개 나라 중에서 한국은 26번째로 낮은 관용도를 보였어요. 물론 한국인 입장에서도 할 말이 있을 겁니다. '나는 배경과 문화가 다른 사람을 만나본 적도 없는걸?'-맞아요, 우리나라에 갑자기 이주자가 늘어난 탓에 이주자와 여유 있게 만나고 친해질 기회가 부족했어요. 이주자와 편하게 대화할 만큼 외국어를 잘하는 한국인도 드물었고, 한국어를 잘해서 자기 생각을 자유롭게 드러내는 이주자도 만나기 어려웠어요. 일터에서 긴 시간 일해야 하는 이주노동자들은 한국인 시민들과 어울릴 시간도 거의 없었죠. 또 누군가는 '생각이나 종교가 다른 사람을 만나는 것은 익숙하지 않아'라고 생각할 수도 있어요. 많은 한국인이 다른 생각, 다른 관점, 다른 종교를 가진 이들과 대화하고 타협하는 것을 불편해해요. 어떻게 대화하고 타협하는지 배울 기회도 부족했거든요. 하지만 걱정하지 말아요. 앞으로는 달라질 수 있어요. 이 책을 읽기 시작한 순간, 우리는 대화와 교류를 이미 시작한 것이나 마찬가지니까요. 이주자의 삶을 알고자 노력하고, 동료 시민이라는 연대감으로 서로 돕는다면 우리는 더 따뜻하고 친밀한 사회 공동체를 만들 수 있을 거예요.

'국제이주'가 뭔가요?

1

국경을 넘는 사람들

　　여러분 주변에 '국경을 넘은 사람'이 있나요? 요즘은 국제이주가 무척 흔하니 누구에게나 국경을 넘어 다른 나라로 간 지인이 있을 것입니다. 외국으로 유학 간 친구, 외국에서 영주권이나 시민권을 가지고 살고 있는 친척, 해외 주재원으로 나가 몇 년째 살고 있는 친구의 언니도 있고, 경험을 넓히려고 '워킹홀리데이'를 이용해 다른 나라에 간 형도 있을 겁니다. 다른 나라에서 사업하고 있는 친구의 부모님, 은퇴 후 따뜻하고 온화한 날씨를 찾아 다른 나라로 간 할머니와 할아버지도 있을 수 있어요. 그런가 하면 국경을 넘어 한국에 와서 여러분 주변에 자리 잡은 외국인도 있을 테지요. 학교에서 만나는 원어민 교사도 있고, 연예인 중에도 다른 나라 출신들이 상당해요. 친척 중에 결혼해서 한국으로 온 이들도 있을 테고, 친구 중에도 국경을 넘어온 친구도 있을 거예요. 어쩌면 용감하게 자기 나라를 떠나와 한국에 자리 잡은 이주청소년 당사자가 이 책을 읽고 있을지도 모르겠군요.

사람들은 다양한 방법으로 국경을 넘어갑니다. 이웃 나라와 평화로운 관계를 맺고 지내는 나라에 사는 덕에 걸어서 자유롭게 국경을 넘나드는 축복받은 이들도 있어요. 하지만 우리나라는 형편이 좀 다르지요. 반도에 자리 잡고 있는 데다 대륙과 이어지는 북쪽 길이 분단으로 막혀있으니 걸어서 다른 나라로 넘어간다는 것을 상상하기 어려워요. 남북한이 통일되거나 자유롭게 방문할 수 있는 때가 오면 우리도 그런 기쁨을 누릴 수 있겠지요? 혹시 다른 나라로 여행 가서 입국심사대에 서본 경험이 있나요? 낯선 말과 문자, 많은 외국인들 사이에 끼어서 입국을 거절당하면 어쩌나 걱정해본 적이 있나요?

잠깐 여행 갈 때도 이렇게 걱정이 큰데, 외국에 일하러 가게 되면 얼마나 두려울지 혹시 상상이 가나요? 두근두근 심장을 치는 두려움을 이겨내고 국경을 넘어가 새로운 삶을 사는 이들은 정말 대단히 적극적이고 진취적인 사람들이에요. 이주자들은 짧게는 몇 개월, 길게는 평생 이주자 신분으로 살아가죠. 이 책에서는 이주노동자를 중심으로 이야기하면서 저마다 다른 상황에 놓여 삶을 꾸리고 있는 다양한 이주자에 대해서 다루려고 해요.

이주자는 왜 자기 나라를 떠나는 걸까요?

젊은 시절 한국에서 일한 경험이 있는 타파 씨는 자신이 고향을 떠나 한국에 일하러 오려고 결심한 계기를 이렇게 설명했어요.

"1992년, 나는 네팔 도시 포카라 거리를 걷다가 길게 줄 서있는 사람들을 봤어요. 전화방에서 국제전화를 하려고 기다리던 사람들이었죠. 그중 많은 이들이 한국에 있는 친척들과 통화하고 있었는데, 대화 중에 한국에서 2~3만 루피(당시 약 40~60만 원)를 번다고 말하는 것을 들었어요. 나는 당시 사립 학교를 운영하는 교장이었어요. 학교에서 아이들을 잘 키워내는 것은 물론 중요한 일인데, 나는 돈을 벌어야 하는 입장이기도 했어요. 나는 한국에 가는 꿈을 꾸기 시작했어요. 그때는 한국에 일하러 가기 위해 한국어 시험을 볼 필요가 없었어요. 중개회사에 7만 5천 루피(당시 약 150만 원)을 주면 되던 시절이었으니까요. 나는 학교를 공동 운영자에게 맡기고 한국에 갔어요."

_〈마음의 화로에 나타난 사회활동의 열기〉, 니러즈 타파

타파 씨는 해외 이주노동을 주선하는 중개회사에 돈을 주

고 한국에 와서 오랫동안 컨테이너 만드는 일을 했어요.

　당시 한국은 이주노동자들에게 새롭게 떠오른 일터였어요. 1986년 서울아시안게임과 1988년 서울올림픽이라는 큰 국제 행사를 치르며 한국은 이주노동을 꿈꾸는 사람들에게 관심을 받기 시작했어요. 위 이야기에 등장하는 '한국에 있는 친척들'은 조금 일찍 한국에 와서 공장 문을 두드려 일자리를 잡은 네팔 사람들이에요. '한국에서 일하는 것도 괜찮군' 하는 생각이 들자 고향의 친척과 친구들에게 그 정보를 알려주기 시작한 것이죠. 그 정보를 들은 사람들은 자신의 경제적 상황과 이주를 선택했을 때 얻게 될 예상 수입을 따져보고 큰 결심을 했어요-"그래, 결심했어! 나도 가보는 거야!".

　이주노동자들이 자기 나라를 떠나는 이유는 다양해요. 그중에서 가장 주된 이유는 '보다 나은 경제적 이익을 얻고 싶다는 마음'입니다. 이주노동자를 내보내는 나라를 '송출국'이라고 해요. 송출국들은 대부분 경제적인 힘이 약해서 일자리를 충분히 만들지 못합니다. 자기 나라에서 좋은 일자리를 구하지 못하는 이들은 어쩔 수 없이 일자리를 찾아 국경을 넘어가지요.

2018년에 캄보디아를 떠나 한국에 일하러 온 봉스레이 씨는 몸이 아픈 부모님을 대신해 동생들 넷을 키워야 했어요. 여성복을 만드는 회사에 다녔으나 버는 돈이 충분하지 않아 걱정이 컸대요. 같이 한국에 일하러 가보자는 이웃 언니의 말을 듣고 바로 한국어 공부를 시작했어요. 한국에 가려면 한국어 시험을 봐야 하고 그 결과에 따라 일하는 직종이 결정되거든요. 비교적 형편이 좋아서 공부에 집중할 수 있었던 언니는 높은 성적을 받아 한국 큰 도시에 있는 핸드폰 케이스 제조업체에서 일하게 됐어요. 새벽에 졸면서 공부하고 종일 재봉틀을 돌려야 했던 봉스레이 씨는 합격은 했지만 높은 성적을 받지는 못했어요. 성적에 따라 농업 분야에 배정되어 지금 한 농장에서 시금치를 재배하고 있어요.

호기심이 강한 젊은이들은 새로운 세상을 경험해보고자 용기를 내기도 합니다. 베트남 청년 투안 씨는 중학생 때 한국 드라마와 영화를 보면서 한국에 꼭 한번 가봐야겠다고 생각했대요-"영화에 나오는 거리를 직접 보고 한국 사람들을 만나고 싶었어요. 한국에서 일하는 것이 무척 고생스럽다는 말도 들었지만 별로 신경 쓰지 않았어요. 더 넓은 세상을 보려면 고생은 감수해야죠". 투안 씨는 2014년 한국에 와서 지금 8년째 건

설 분야에서 일하고 있어요.

메이 씨는 미얀마 소수민족 중
하나인 카렌족입니다. 가족 모두 기독교인이죠. 고향에서 학
교를 졸업하고 용기를 내어 큰 도시인 양곤으로 가서 회사에
취직했어요. 양곤 교회에서 만난 한국인 선교사를 통해 한국
을 알게 되고 신학을 공부하러 한국에 왔어요.

다른 나라에서 벌어지는 이주에 대해서도 알아볼까요? 유럽의 식민지로 오래 고통받고, 식민통치 과정에서 깊어진 종족 간 갈등이 가져온 전쟁과 인권침해를 견디다 못한 아프리카의 여러 나라 시민들은 살기 위해 '유럽 이주'를 선택하고 있어요. 이들은 유럽에 가기를 원한다기보다 빈곤에서 탈출하기를 간절히 원하고 있는 거예요. 유럽 국가들이 입국을 어렵게 하면서 합법적이고 공식적인 이동 길이 막히자 많은 이들이 작고 위험한 배에 몸을 의지해 바다를 건넙니다. 아프리카 곳곳에서 사막을 지나고 물을 건너 유럽 입구에 도착하기까지 약 40퍼센트가 목숨을 잃을 만큼 위험한 이동이죠. 이들이 목숨을 거는 이유는 단 하나, 먹고살기 위해서입니다.

중미 지역에 있는 나라 온두라스, 엘살바도르 사람들도 단지 먹고살기 위해 미국으로 가는 길고 험한 여정을 떠납니다.

온두라스는 치안이 불안해 살인과 강도 사건이 빈번하게 일어나고 많은 시민이 극심한 빈곤을 겪고 있어요. 시민들은 생존을 위해 이주를 선택합니다. 걸어서 과테말라, 멕시코를 지나 미국에 도착하려면 혼자보다는 여럿이 함께 가는 것이 안전하다는 생각에 몇천 명이 모여 같이 걸어가죠. 이런 이민 행렬을 카라반이라 불러요. 카라반은 예전에 사막에서 낙타와 말에 짐을 싣고 떼 지어 다니며 장사하던 상인들을 일컫는 말이었는데, 요즘은 이들을 부르는 말로도 쓰이고 있어요. 카라반의 길은 죽음을 무릅쓴 험난한 여정이에요. 멕시코에서 붙잡혀 갇히거나 추방되기도 하고, 위험과 고난 끝에 멕시코와 미국 접경 지역에 도착하더라도 미국에 입국할 가능성은 매우 낮아요. 그럼에도 이 길에 나선 이들은 '굶어 죽지 않고 살기 위해서'라고 말하고 있어요.

이처럼 이주를 선택한 계기와 이동 방식은 아주 다양합니다. 이주자 개인의 사정이 어떤지, 이주자를 보내는 나라와 받아들이는 나라가 서로 어떤 계약을 맺고 있는지, 국제사회의 환경이 어떤지에 따라서 계속 변화하고 있어요. 타파 씨가 이동했던 30년 전에는 한국이 이주노동자를 받아들이는 제도가 없었기 때문에 이주노동자들은 관광객 신분으로 이동했어요.

이주노동자들은 주로 개인적인 연결망을 통해 정보를 주고받으며 이동하고 취업했어요. 봉스레이 씨와 투안 씨가 이동한 요즘은 한국 정부가 이주노동자를 도입하는 '고용허가제(본문 62쪽 '고용허가제 노동자' 참고)'를 운영하고 있어요. 고용허가제에 따라 한국과 캄보디아, 한국과 베트남 정부 사이에 노동자를 보내고 받는 계약을 맺었고, 이주노동자는 그 체계에 따라 이동하고 있어요. 아프리카에서 유럽으로, 중남미에서 미국으로 향하는 이동은 거의 비명에 가까운 이주예요. 안전과 보호를 책임지는 이가 아무도 없는 제도 밖의 '비정규' 이동이지요. 무척 위험해서 누구도 그런 선택을 하지 않기를 바라지만, 목숨을 걸고서라도 이동해야 하는 절박한 이들의 상황을 잘 헤아려야 해요.

한편 통신 발달이 이주를 촉진하기도 합니다. 타파 씨가 전화방에서 한국에 관한 정보를 듣던 1992년에는 지금처럼 통신이 발달하지 않아 국제전화를 이용하려면 비싼 요금을 감당해야 했어요. 편지로 글과 사진을 주고받는 것이 정보를 교환하는 주된 수단이었어요. 지금은 대개 인터넷과 스마트폰을 이용하므로 추가 비용을 들이지 않고도 자유롭게 정보를 주고받을 수 있지요. 이주노동을 준비하는 이들은 각종 인터넷 커

뮤니티를 통해 가고자 하는 나라에 관한 정보와 이동 방법을 보다 쉽게 알아볼 수 있어요.

일할 사람이 부족해진 우리 사회

1980년대 후반 즈음부터 우리나라는 일손이 부족해지기 시작했어요. 1987년에 8시간 노동, 노동악법 개정, 노동3권 보장, 자유로운 노조결성 보장, 저임금 개선을 요구하는 노동자 대투쟁이 일어났어요. 그 결과 노동환경이 개선되고 생산직 노동자의 임금이 오르자, 노동환경이 나쁘고 임금이 낮은 회사에서 노동자가 빠져나가며 일손이 부족하게 된 것이죠. 그 자리에 이주노동자가 들어가 일하기 시작했어요.

또 외교가 단절되었던 한국과 중국이 1992년 수교를 맺은 후 정치·경제·사회·문화적 교류가 시작되었어요. 당연히 사람도 오가게 됐죠. 일제강점기 시절 중국에 건너가 살다 중국 국민이 된 동포들이 한국을 방문했다가 일자리를 만나게 됩니다. 부족한 일손을 어떻게 마련할 것인지 정부가 정책을 마련하기도 전에 이미 많은 이주노동자들이 생산 현장에서 일하고 있었어요. 1992년, 정부가 미등록 이주노동자 자진 등록을 실시했는데, 이때 32개 나라에서 온 6만여 명이 일하고 있었다는 사실이 드러나기도 했어요. 이처럼 이주노동자를 보내는 나라와 받는 나라가 제도를 만들고 준비하기도 전에 이주노동자들은 더 먼저 움직이곤 해요. 일해서 먹고살아야 한다는 절박한 생존 의식 때문이기도 하고, 또 이주노동자를 끌어들이는 일자리의 힘이 그만큼 강력하기 때문이기도 하지요.

통계청은 2020년부터 우리나라 인구가 줄어들기 시작했다고 발표했어요. 2020년에 새로 태어난 아기가 27만 2천여 명이고, 사망자 수가 30만 5천여 명이므로 3만 3천 명가량이 줄어든 것이죠. 인구가 줄어들 것을 이미 예상하고 있었지만, 그 예상보다 9년 빨리 감소하기 시작했으니 상당히 충격적인 상황이에요.

이대로 인구가 줄어들면, 현재 5천 2백만 명가량인 인구가 2065년이 되면 4천 3백만 명으로 줄어들고, 그중 65세 이상이 42.5퍼센트, 14세 이하는 9.6퍼센트가 될 전망입니다. 경제활동을 할 수 있는 인구가 줄어들기 때문에, 일할 사람도 소비할 사람도 부족한 상황에 놓이게 될 수 있어요. 인구 통계를 나타내는 그래프에서 인구수가 급격히 줄어드는 부분이 마치 절벽처럼 가파르게 보인다고 해서 그 구간을 '인구 절벽'이라고 부르기도 해요.

인구가 줄어든다는 것은 어떤 의미일까요? 우리나라는 인구 부족 문제가 심각하게 다가오고 있지만 대부분은 그 심각성을 그다지 느끼지 못하는 듯해요. 아마 우리나라 인구 대부분이 도시에 모여 살기 때문에 인구 밀도가 높다고 느껴지기 때문이겠지요. 한국고용정보원은 앞으로 30년 내에 전국 84개 시·군과 1,383개 읍·면·동이 소멸될 것이라고 예상했어요. 우리나라 지방자치단체의 30퍼센트 정도가 사라진다는 의미예요. 이를 학생들 입장에서 생각해볼까요? 우선 초·중·고등학교에 다니는 학생들이 줄어들 테니 많은 학교가 문을 닫겠지요. 그럼 가까운 곳에는 학교가 없어 먼 거리를 통학하게 될수 있어요. 사람이 적은 지역에는 생필품과 먹거리를 파는 가게가 없어서 비누와 신발을 사러 차를 타고 멀리 가야 할 거예요. 지방에 살고 있는 이들은 이미 이런 현상을 심각하게 겪고있어요. 이렇게 계속 인구가 줄어든다면, 일하고 세금 낼 사람이 줄어들고 군대에 갈 사람도 줄어들 거예요.

이런 저출생, 고령화 문제를 해결하기 위해 여러 대안이 제시되고 있어요. 현재 운영되고 있는 출산 장려와 보육 지원 중심의 정책을 고용과 주거, 교육 등 우리 삶을 둘러싼 모든 것을 더 살기 좋은 방향으로 바꾸는 것으로 변경해야 한다는 의견이 나오고 있어요. 더 자세히 살펴볼까요? 2020년, 우리 정부는 인구 구조 변화에 대응하기 위해 이런 정책을 발표했어요.

◇ 노동력이 급하게 줄어드는 것을 막기 위해 고령자 고용 방안을 마련한다.

◇ 여성이 보다 자유롭게 일할 수 있도록 가사 서비스 제공, 육아 휴직 정책을 개편한다.

◇ 경력 단절 여성이 재취업과 창업을 쉽게 할 수 있도록 지원한다.

◇ 청년들 일자리를 만들어 취업 기회를 늘리고 창업을 지원한다.

다 필요한 정책이지만 이것만으로 인구 부족 문제를 해결하기는 어려운 듯해요. 그래서 또 하나 중요하게 제시되는 해법이 있어요. 바로 이민을 받아들이자는 제안이죠. 지금도 우리나라는 노동력 부족을 해결하기 위해 이주노동자를 초청하고 있는데, 이들이 오래도록 정착할까봐 애써 막고 있어요. 수준 높은 기술이 필요하지 않은 직종에 고용되는 노동자는 계약 기간을 3년으로 해서 체류기간을 제한합니다. 3년은 너무 짧다는 고용주들의 의견을 받아들여 추가로 1년 10개월을 연장할 수 있도록 했지만, 다 합쳐도 4년 10개월입니다. 여러 상황을 감안해서 이제 발상의 전환이 필요하다는 의견이 조심스럽게 나오고 있어요. '이민 정책', 즉 외국인에게 우리나라로 와서 계속 살며 일해달라고 부탁하자는 의견 말입니다.

이주노동자가 몇 년만 일하고 갈 사람이 아니라 우리나라에서 계속 같이 살 사람이라고 생각하면 어떤 점이 달라질까요? 취업 지원, 재취업을 위한 직업훈련, 가족동반, 의료, 복지, 주택, 노후 등 사람이 일생 동안 살아가는 데 필요한 모든 것을 고려해야겠지요. 이주노동자를 노동력으로만 생각할 것이 아니라, 인격을 가진 사람으로 존중하고 모든 권리를 함께 나눠야 해요.

일본은 우리보다 앞서 저출생, 고령화 현상을 겪고 있어요. 노동력 부족 문제가 심각해지면서 여성이 사회에서 일할 수 있도록 정책을 마련하고, 정년을 연장하고 노인이 노동에 참여할 수 있도록 했어요. 하지만 그것만으로는 문제가 해결되지 않았어요. 일본은 2018년에 법을 개정해서 농업, 어업, 숙

박업, 돌봄 분야 등 14개 업종에 앞으로 5년간 이주노동자 34
만 명을 받아들이겠다고 발표했어요. 이주노동자에게 영주권
을 취득할 기회도 준다고 해요. 현재 일본 인구는 약 1억 2천
만 명인데 2060년 예상 인구는 8천 6백만 명이라, 인구 수준
을 지금처럼 유지하려면 앞으로 매년 이주노동자 20만 명씩
받아들여야 한다는 의견이 있어요. 이처럼 저출생, 고령화는
이주를 촉진하는 매우 큰 촉매제 역할을 해요.

한인의 이주 역사

한인(한민족)은 19세기 중엽부터 해외로 이주하기 시작
했어요. 한인의 이주를 크게 네 시기로 나눌 수 있어요. 첫 번째
시기는 조선 말기 고종이 즉위하던 즈음부터 1910년 한일강
제병합이 일어난 해까지로 봅니다. 가난과 일본 제국주의의 압
제(권력이나 폭력으로 남을 꼼짝 못 하게 강제로 누르는 것)를 피해 중
국 만주와 러시아 연해주로 이주한 한인들은 황무지를 개간하
며 척박한 삶을 일궜어요. 1902년부터 1905년까지 미국 하와
이의 사탕수수 농장으로 7천여 명이 이주노동을 떠났는데, 이
들 대부분이 20대 독신 남성들이었어요. 후에 이들이 결혼할

여성을 찾기 위해 고향으로 사진을 보냈고, 사진을 보고 결혼을 결심한 여성들 1천여 명이 하와이로 가서 결혼하게 됩니다.

이 여성들을 '사진 신부'라고 부르기도 했어요. 한인들이 가정을 꾸리고 자녀를 낳으면서 민족과 문화가 계속 이어지게 됐죠. 하와이를 비롯해 미국에 한인 단체, 한인 교회, 한인 학교 등이 꾸려져 한인 사회가 발전할 수 있는 기반을 형성했어요. 그런 점에서 '사진 신부'는 한인의 이주 역사에서 매우 중요한 의미를 가진다고 할 수 있어요. 사진 신부들 이야기가 더 알고 싶다면 이금이 작가의 책《알로하, 나의 엄마들》을 읽어보기 바랍니다. 주인공들이 엮어내는 이야기를 통해 사진 신부를 둘러싼 한인들의 협력과 갈등이 잘 그려져있으니까요.

1905년에는 멕시코 유카탄 지역의 에네켄(용설란의 일종, 섬유를 추출하여 노끈, 밧줄, 해먹, 가방, 기타 생활용품 등을 만듦) 농장과 계약한 노동자 1천여 명이 배를 타고 떠납니다. 계약에 묶여 4년간 노예와 다름없이 일해야 했던 한인들은 계약 기간을 마치고 멕시코 전역으로 흩어져 삶을 이어갑니다. 김영하 작가의 책《검은 꽃》에는 당시 멕시코행 이민자를 모집했던 '대륙식민회사'의 광고에 홀려 불확실한 희망을 안고 일포드 호에 탑승했던 이들의 이야기가 아프게 담겨 있어요.

두 번째 시기는 1910년부터 1945년까지, 일본에 의해 식민 통치를 당한 36년간이죠. 이 시기에는 일본에 토지를 빼앗긴 농민과 노동자들이 만주와 일본으로 이주해갔습니다. 또 독립운동가와 정치 난민들이 중국, 러시아, 미국으로 건너가 독립운동을 펼치기도 했어요. 일본은 1932년, 만주국 건설을 목적으로 노동력으로 활용하고자 한인들을 대규모 집단 이주시켰어요. 1930년대 후반 만주 지역에 한인이 약 50만 명이나 되었는데, 그중 집단이주한 이들이 25만 명가량이었다고 해요.

제1차 세계대전 당시 군수품을 수출하며 경기가 급격히 좋아진 일본은 부족한 노동력을 채우기 위해 한인을 일본으로 이주시켰어요. 이후 중일전쟁과 태평양전쟁을 위해 수많은 한인을 강제 징용해 데려가서 1945년 해방 당시, 일본에 있던 한인은 230만 명 규모였다고 해요.

조선적 재일 동포

1910년, 한일병합조약으로 대한제국은 일본 제국주의에 병합됐어요. 대한제국 국민은 어쩔 수 없이 일본 국적을 갖게 되었고요. 1945년 패전 후, 일본은 재일 한인(일본에 살고 있는 한인으로 재일 조선인, 재일 코리안으로도 불려요)의 일본 국적을 박탈한다는 결정을 해요. 일본 정부는 이들을 외국인으로 등록하면서 등록 장부에 '조선'이라 구분해서 적어 넣었어요. 조선이라는 나라는 사라졌지만 과거 조선이 있던 반도 출신이라는 뜻으로, 조선민주주의인민공화국과는 무관한 것이었죠. 조선이라는 나라는 없으니 사실상 무국적 상태인 것입니다.

이후 대한민국 정부가 수립되면서 본인이 원한다면 대한민국 국적으로 바꿀 수 있게 되었고, 1965년 한일 국교 정상화를 계기로 대한민국으로 국적을 바꾸는 이들이 늘어납니다. 그래도 조선적을 그대로 유지하고자 하는 이들이 있어요. 남북한 구분 없이 하나의 나라를 지지한다는 신념을 가진 이들도 있고, 조선적 자체가 일본 제국주의가 저지른 만행의 증거이기 때문에 그대로 유지하겠다는 이들도 있어요. 또 친척이 북한에 있어 북한 입국이 자유로운 조선적을 유지하기도 하고요. 조선적 동포들은 80년 가까운 긴 세월을 일본이나 한국, 북한 어디에도 국적을 두지 않은 채 '무국적자'로 살고 있어요. 조선적 동포가 우리나라를 방문하려면 일본에 있는 대한민국 영사관에서 여행증명서를 받아야 하는데, 우리 정부가 여행증명서 발급을 거부해서 동포들이 슬픔과 분노를 느끼기도 했어요. 이 문제는 우리 정부가 여행증명서 발급 기준을 바꾸면서 2018년에야 비로소 해결됐어요. 일본 정부는 2019년, 조선적이 약 2만 8천 명가량이라고 밝혔어요.

일본에는 광복 후 일본에 남아 살고 있던 재일 한인 1세대에, 1948년에 일어났던 제주4.3사건과 1950년에 일어난 한국전쟁 즈음 건너간 한인들이 합쳐져 한인 사회를 이뤘어요. 그러나 불행히도 한인 사회는 대한민국을 지지하는 이들과 조선민주주의인민공화국을 지지하는 이들로 나뉘어 서로 비난하고 대립했어요. 또 일본은 재일 조선인들이 자기 나라로 귀국하지도 않고, 일본인으로 귀화하지도 않으니 보호할 이유가 없다고 하며 각종 차별을 가합니다. 특히 일본은 '조선어를 기본언어로 민족교육을 하는 조선 학교'를 정식 교육기관으로 인정하지 않아서 갈등을 키우고 있어요. 교육 재정을 지원하지 않고 오히려 탄압을 가하기도 해요. 김명준 감독의 영화 〈우리 학교〉에는, 일본에서 나고 자라지만 조선 사람의 정체성을 지키기 위해 일본 학교가 아닌 조선 학교를 선택해 공부하는 재일 조선인들의 이야기가 담겨있어요.

세 번째 시기는 1945년부터 1962년까지로 봅니다. 1950년에 일어난 전쟁으로 인해 많은 이들이 또 나라를 떠나게 됩니다. 미군의 배우자가 되어 미국으로 간 여성들, 고아가 되거나 미군의 자녀로 태어나 미국으로 입양 간 어린이, 유학 등 다양한 기회를 찾아 떠난 이들이 모두 1만 7천 명가량이었다고 해요. 이들이 그 나라에 정착하여 후에 가족을 데려가면서 연결 이민으로 이어지게 되었죠.

네 번째 시기는 1962년부터 지금까지입니다. 우리나라는 국민이 보다 쉽게 해외에 진출할 수 있도록 '해외이주법'을 만들어 이민 정책을 펼치기 시작합니다. 이민 정책은 크게 두 가지 목적이 있었다고 해요. 하나는 급격한 인구 증가로 인해 심각하게 높아진 실업 문제를 해결하자는 것이었고, 다른 하나는 이주자들이 송금하는 외화로 경제 발전을 도모하자는 것이었어요. 우리나라는 남미, 서유럽, 중동, 북미 여러 나라와 계약을 맺어 집단이민을 시작했어요. 1962년 12월, 92명이 브라질로 농업이민을 떠난 것을 시작으로 아르헨티나, 파라과이, 볼리비아 등 중남미 나라로 농장을 개간하러 이주자들이 떠났어요. 그러나 이주자 상당수가 농사 경험이 없던 이들이라 농장 개간에 실패하고 도시로 옮겨가 상업에 종사하게 되었다고 해요.

유럽으로도 많은 이들이 떠났는데, 그중 대표적인 것은 독일로 떠났던 광부와 간호인(간호사와 간호조무사)들입니다. 제2차 세계대전에서 패했던 독일은 경제부흥(쇠퇴했던 경제가 다시 살아남)에 성공하여 노동력이 절실하게 필요했어요. 그 시기 한국은 한국전쟁 후 경제개발을 추진 중이어서 외화가 절실하게 필요했고요. 한국은 독일과 협정을 맺어 광부와 간호인을 보냈어요. 광부는 1963년부터 1977년까지 8천여 명이, 간호인은 1965년부터 1976년까지 모두 1만여 명이 독일로 갔어요. 이들은 3년 일한 후 귀국하기로 약속하고 간 '손님노동자'였어요. '손님'이라는 말에서 뭔가 대접받는 듯한 느낌이 느껴지나요? 하지만 '손님노동자'는 단기 순환 노동을 목적으로 '손님처럼 잠깐 와서 노동력을 제공하는 계약직 노동자'라는 뜻입니다.

작가 존 버거는 책 《제7의 인간》에서 이주노동자를 '죽지 않는 존재'라고 표현했어요. 이주노동자가 늙거나 심지어 죽더라도 다시 새로운 사람으로 바꿔 데려올 수 있으니 죽지 않는 것과 마찬가지라는 의미예요. 또 이주노동자는 '태어나지도 않고, 양육되지도 않고, 나이 먹지도 않고, 지치지도 않는 다'고 말하지요. 이주노동자를 받아들이는 나라는 이주노동 자가 태어나 좋은 교육을 받으며 자라도록 지원하고, 노후 생활을 보장하는 책임은 전혀 지지 않으면서 오로지 노동력만 이용하는 이기적인 태도를 지적한 것이죠.

1973년, 제4차 중동전쟁이 일어나 페르시아만의 산유국들이 석유 생산량을 줄이고 가격을 인상하자 전 세계는 석유파동을 겪었어요. 이로 인해 독일도 경제적 어려움에 빠져 유럽 출신 노동자를 제외한 이주노동자의 유입을 차단하고, 이미 일하고 있던 '손님노동자'에게 돌아가라고 요구합니다. 이때 한국인 간호인들과 독일 각지의 한인들은 시위를 벌였어요. "우리는 당신들이 필요하다고 해서 당신들을 도와줬어요. 우리는 상품이 아니며, 우리가 돌아가고 싶을 때 돌아갈 겁니다" 하고 외치면서, 독일인들에게도 지지 서명을 받았죠. 또 간호인들은 집단해고와 강제귀환에 항의하는 의미로 간호복의 한 쪽 소매를 잘라 입기도 했어요. 소매 잘린 간호복은, 오라면 오고 가라면 가는 '손님노동자'가 아니라, 스스로 원하는 것을 선택하고 주장할 수 있는 '사람'으로 인정받기 위해 싸운 상징이었어요. 그 결과 간호인들은 영주권을 획득하고 시민권을 신청할 자격을 갖게 되었어요. 이런 과정을 거치며 간호인들은 이주노동자도 자신의 권익을 위해 투쟁할 수 있고 독일의 노동 정책에 영향을 줄 수 있다는 것을 깨달았다고 해요.

광부들도 인권보장을 요구하는 운동을 펼쳤어요. 독일인과 동등한 임금을 요구하고, 체구가 작은 동양인에게 서양인에 맞춘 너무 큰 연장을 주거나, 너무 무거운 물건을 다루게 하는 것을 시정하라고 요구했어요. 외국인에 대한 혐오 금지를 요구하기도 했고요. 광부들도 끝까지 싸워 3년 노동 후 귀국을 요구하는 내용을 바꿨어요. 마지막 시기에 광부로 일했던 이들은 자유로운 직장 선택과 체류허가를 받아냈어요. 그런 과정을 거치며 이들은 독일 사회의 당당한 구성원으로 인정받게 되었고, 이후 재독 한인 사회를 이끄는 중심축이 되었어요. 독일에서 일한 간호인과 광부들은 계약이 끝난 후 독일에 남기도 하고, 일부는 다른 나라로 다시 이주해갔고, 또 일부는 우리나라로 돌아왔어요. 이 시기에 미국도 한국인 이주자를 받아들이기 시작해 한인의 이주는 더 늘어나게 되죠. 독일에서 일했던 광부와 간호인에 대해 더 알고 싶다면 윤제균 감독의 영화 〈국제시장〉을 참고하기 바랍니다. 이 영화는 광부와 간호인이 독일에서 일하던 모습, 우리나라로 돌아와 다시 자리 잡는 과정을 담고 있어요.

1970~1980년대는 우리나라 건설 기업들이 사우디아라비아, 리비아, 바레인, 이라크 등 중동 지역 국가의 도로, 항만, 공항 건설 공사를 수주(受注, 주문을 받음)하기 시작했어요. 가장 많을 때는 한국인 노동자 20만여 명이 건설 현장에 나가 뜨거운 햇빛과 모래바람을 견디며 일했어요. 이들은 한국 기업에 고용된 것이었지만 해외 현장에서 그 특성에 맞춰 일했으므로 이 또한 이주노동에 해당합니다.

이처럼 한국인은 세계 여러 나라에 진출해 곳곳에 뿌리내리며 한인 사회를 형성하게 되었어요. 한국인의 해외 이주는 1988년 서울올림픽 즈음 줄어들기 시작하다가, 1997년 외환 위기를 거치며 다시 증가했어요. 지금은 세계 197개 나라에 약 750만 명의 한인이 살고 있습니다. 유엔에 따르면 세계에서 가장 이주자를 많이 내보낸 나라가 인도로 1,750만 명 규모라고 해요. 멕시코는 1,180만 명, 중국은 1,070만 명이고요. 한인 이주자 750만 명은 결코 적은 수가 아닙니다.

한국을 떠났던 이주자들은 자기 삶을 개선하기 위해 적극
적으로 노력했고, 힘들게 일해서 번 돈을 아껴 가족에게
보내 그들의 생계와 공부를 도왔어요.

이주자가 송금하는 외화는 우리나라가 경제 성장을 이루는 데 크게 기여했어요. 몸은 멀리 있더라도 가족과 나라를 걱정하는 마음이 컸던 이주자들은 국내에서 일어나는 다양한 일에 정성을 보탰어요. 일제강점기에는 독립운동을 후원하고, 한국전쟁 시기에는 전쟁으로 망가진 나라 복구와 전쟁 피해자들을 도왔으며, 산업화 시기에는 노동, 복지 등 사회운동을 지원해서 우리 사회가 성장할 수 있도록 꾸준히 도왔어요. 학교를 세우기도 했죠. 인천에 있는 인하대학교를 알고 있나요? 인하대학교의 '인'은 인천을, '하'는 하와이를 의미한다고 해요. 인하대학교는 한국전쟁 중이던 1952년, 하와이 동포 이주 50주년을 기념하여 동포들이 정성 어린 성금을 보내와 설립한 학교예요. 하와이 동포들은 성금에, 당시 뒤떨어졌던 우리나라의 공업 수준을 향상시키자는 염원을 담아 보냈다고 해요.

또한 우리 정부는 재외 동포가 거주하는 나라에서 존중받으며 잘 적응하도록 돕고, 우리 사회와 동포 사회가 교류하며 협력할 수 있도록 촉진하기 위해 1997년, 재외 동포 재단을 만들어 운영하고 있어요.

우리 사회에는 많은 이주자들이 함께 살고 있어요. 사람 백 명이 모이면 그중에서 네다섯 명은 이주자죠. 앞서 말했듯이 우리나라는 급격한 인구 변화를 맞고 있어요. 부족해지는 노동력과 결혼 상대를 외국에서 초대하고 있으니 갈수록 이주자가 늘어나게 될 겁니다. 이주자는 사회 곳곳에서 일하고 있어요. 식당에서 음식을 조리하거나 접대하는 노동자, 핸드폰을 만들고 옷, 이불, 신발을 만드는 노동자, 금형(금속으로 만든 거푸집)을 만들거나 용접하고 아파트를 짓는 노동자, 채소를 기르고 소, 돼지, 닭을 기르거나 잡아 손질하는 노동자, 오징어를 잡고 멸치를 찌고 말려 상자에 담는 노동자, 요양병원에 입원한 할머니를 돌보는 간병노동자, 출근한 부모를 대신해 아기를 돌보는 돌봄노동자, 건물과 도로를 만드는 건설노동자가 있어요.

우리가 생활하면서 사용하는 모든 물건 중에 이주노동자의 손을 거치지 않은 것은 없다고 해도 과언이 아닙니다. 그렇다면 이주노동자가 어떤 상황에 놓여있으며, 무슨 일을 하고 있는지 자세히 알아볼까요?

동포노동자

 조선 말기, 대한제국 시기와 일제강점기 그리고 대한민국 정부 수립 이후 국외로 이주해서 다른 나라 국적을 가지고 살고 있는 이와 그 자손을 동포라 칭해요. 중국 동포(조선족)가 약 200만 명, 옛 소련 지역 동포(고려인)가 약 50만 명으로 다른 지역에 거주하는 동포에 비해서 그 규모가 커요. 2021년 1월 말, 우리 사회에 같이 살고 있는 외국 국적 동포는 80만 명 정도예요. 전체 외국인의 약 40퍼센트에 해당하죠. 이 중 중국 국적자가 65만 5천 명으로 가장 많고, 미국 국적자가 4만 4천 명, 우즈베키스탄 국적자가 3만 2천 명가량이에요.

중국 동포(조선족)

중국 동포는 조선 말기와 대한제국, 일제강점기에 만주 지역으로 이주했다가 중국 동북 지방의 랴오닝(요령), 지린(길림), 헤이룽장(흑룡강)과 내몽골 지역 등에 자리 잡고 사는, 중국 국적을 가진 한인을 말해요. 중국은 한인을 조선족으로 부르며 55개 소수민족 중 하나로 인정하고 있어요. 중국 동포가 우리나라를 처음 찾아온 것은 1980년대 후반이에요. 우리 정부가 발급한 여행증명서를 가지고 친척을 방문하러 온 것이죠. 1992년, 우리나라와 중국이 정식 수교가 되자 중국 동포들은 중국보다 임금이 높은 한국에서 돈 벌기를 원했어요. 1999년, 우리나라는 '재외 동포의 출입국과 법적 지위에 관한 법률(재외 동포법)'을 만들었어요. 금융위기를 맞았던 우리나라는 재외 동포들의 투자를 촉진해서 위기를 극복하려고, 동포에게 체류자격을 주고 부동산과 금융·외국환 거래를 할 때 내국인과 같은 권리를 갖도록 허가한 것이죠.

그런데 문제가 있었어요. 재외 동포의 자격을 '대한민국 국적을 가졌던 사람과 그 자손'이라고 정한 것입니다. 이 말은 1948년, 대한민국을 수립하기 전에 중국과 러시아로 떠났던 동포들은 제외한다는 말이었어요. 그 소식에 중국 동포와 옛 소련 지역 동포(고려인)는 거세게 반발했어요. '가난한 나라 동포는 동포가 아닌가'라며 분노를 쏟아냈어요. 항의 시위에 단식까지 해도 법이 개정될 기미가 안 보이자 이 법이 헌법의 평등권을 위반하고 있다는 것을 입증하려고 헌법소원(헌법 정신에 위배된 법률에 의하여 기본권을 침해받은 사람이 직접 헌법재판소에 구제를 청구하는 일)을 냈어요. 헌법재판소가 헌법불합치 결정을 내렸으나 법은 고쳐지지 않다가, 2004년이 되어서야 '대한민국 정부 수립 전에 국외로 이주한 동포를 포함한다'는 내용을 담게 됐어요.

재외 동포 비자는 체류기간에 제한이 없지만 전문직으로만 취업할 수 있기 때문에, 특별한 기술이 없어 단순 노무직에서 일해야 하는 동포들에게는 별로 도움이 되지 않아요. 그래서 우리 정부는 동포들이 3~5년간 단순 노무직에서 일할 수 있는 '방문 취업제'라는 제도를 새로 만들었어요.

옛 소련 지역 동포(고려인)

우즈베키스탄 등 중앙아시아와 러시아에 거주하는 동포를 고려인이라 부릅니다. 조선 말, 일제강점기에 러시아 극동 지역 연해주로 이주했던 한인들은 후에 소련(소비에트 사회주의 공화국 연방)에 속하게 됩니다. 소련의 지도자 스탈린이 연해주의 한인을 비롯한 소수민족에 대한 강제이주 정책을 진행하여, 한인 17만여 명이 중앙아시아 황무지로 옮겨가게 되죠. 고려인들은 주로 집단농장과 국영농장에 배치되어 농장을 일구기 위해 노력했어요. 벼농사와 면화농사에 성공한 고려인들의 집단농장이 큰 명성을 얻고, 많은 고려인이 '사회주의 노동 영웅' 훈장을 받았어요.

이주를 거듭하면서도 끈질기게 버텨냈던 고려인은 또 새로운 역사를 맞이하게 됩니다. 1991년, 소련이 해체되어 러시아, 우즈베키스탄, 카자흐스탄, 타지키스탄, 우크라이나 등 15개 공화국으로 분리된 것이죠. 공화국들은 저마다 민족주의가 강해지며 그간 공용어로 사용하던 러시아어 대신 고유 민족어를 되찾고자 노력하게 됩니다. 공식 문서가 민족어로 바뀌는 상황에서 러시아어를 모어로 하고 있는 고려인은 주요 공직에서 밀려나거나 해직되기도 했어요. 고려인은 또 언어를 새로 익

히며 삶을 이어가고자 노력하고 있어요.

　재외 동포법과 방문 취업제를 통해 들어온 고려인 약 8만 명이 우리 사회에서 함께 살고 있어요. 고려인은 경기도 안산시 선부동, 광주광역시 월곡동, 경상북도 경주시 성건동, 인천광역시 연수동 등에 모여 살고 있어요. 같은 지역에 모여 살면 말이 통하는 사람이 있어 서로 돕기 좋고 익숙한 문화를 같이 누릴 수 있는 장점이 있죠.

고용허가제 노동자

〰〰〰〰〰〰〰〰〰〰〰〰〰〰〰

고용

- 러메스 사연

나는 어느 회사의 직원입니다
우리 사장님은 이 도시에서 수많은
굶주림과 결핍의 신입니다

어느 날 사장님께 말했지요
사장님, 당신은 내 굶주림의 신이시며
내 삶은 당신의 은덕입니다
그래서 생일을 특별하게 보내고 싶어요
휴가를 주세요

사장님이 말씀하셨어요
내 덕분에 너는 오래 살 거야
이번에는 일이 많다
내년에 생일을 잘 보내도록 해라

나는 네라고 말했어요

어느 날 다시 사장님께 부탁을 했지요
사장님, 당신은 굶주림의 신의 신이십니다
당신의 자비로 집을 꾸며주세요
사랑하는 사람과 결혼하고 싶어요
저에게 휴가를 주세요

사장님이 말씀하셨어요

좋은 날들은 또 올 거야

이번에는 일이 많다

다른 길일에 결혼하도록 해라

나는 다시 네라고 말했어요

하루는 삶에 너무도 지쳐서

내가 말했어요

사장님, 당신은 내 굶주림과 결핍을

해결해주셨어요

당신에게 감사드려요

이제는 나를 죽게 해주세요

사장님이 말씀하셨어요

알았어

오늘은 일이 너무 많으니

그 일들을 모두 끝내도록 해라

그리고 내일 죽으렴!

_《여기는 기계의 도시란다-네팔 이주노동자 시집》(삶창)에서

이 시를 쓴 네팔 시인 러메스 사연은 한국에서 고용허가제 노동자로 일하고 있어요. 우리나라는 부족한 노동력을 확보하기 위해 '고용허가제'를 운영해요. 이 제도를 통해 우리 정부는 아시아 지역 16개 나라 정부와 계약해서 이주노동자를 초청하고 있어요. 제도 운영을 위해 국무총리실에 법무부, 고용노동부, 외교통상부 등이 참여하는 외국인력정책위원회를 설치해서 매년 초청할 노동자 수와 허용 업종을 결정하고 계약할 나라를 결정하죠. 고용허가제를 통해 한국에 오려는 이주노동자는 우선 한국어능력시험을 봐서 합격해야 해요. 만 18~38세 사이의 젊고 신체 건강한 사람을 이렇게 선발해서 매년 5만 6천 명 규모로 새로 초청합니다. 한 번 한국에 입국한 노동자는 3년간 일할 수 있고 1년 10개월간 계약을 연장할 수 있으니, 모든 것이 순조롭다면 약 5년간 일할 수 있게 되는 거죠. 만약 이주노동자가 4년 10개월간 한 번도 회사를 옮기지 않았다면 '성실근로자'로 인정받아 본국에 다녀와 다시 4년 10개월을 일할 수 있어요. 정부는 성실근로자라는 명칭 때문에 이주노동자가 고용주에게 더 강하게 '종속'되는 측면이 있다면서 후에 '재입국 특례 외국인근로자'라는 이름으로 바꿉니다. 문제는 이름만 바꿨을 뿐 '종속성'은 여전히 강하게 작용하고 있다는 점입니다. '종속'은 무슨 말일까요? 노동자가 고용주에게 묶여 강하게 간섭받는다는 뜻이에요.

　시인 러메스 사연은 시를 통해 말합니다. 고용주는 노동자에게 신과 같은 존재로 노동자의 삶 전체를 옭아매고 있다고. 시인은 왜 그런 느낌을 받은 것일까요? 고용허가제라는 제도를 살펴보면 그 이유를 알 수 있어요. 고용허가제는 노동자가 다른 회사로 옮겨가는 것을 원칙적으로 금지해요. 고용허가제는 '노동력이 필요한 고용주가 이주노동자를 고용할 수 있도록 허가받는' 제도예요. 이주노동자 고용을 허가받은 고용주는 계약 기간 동안 노동자가 다른 회사로 못 가게 붙잡아둘 수 있는 권한을 가집니다. 고용주에게 이런 권한을 주려면 이주노동자가 회사를 옮겨가지 못하도록 권리를 제한해야 하는데, 인권을 보장하겠다고 국제사회에 약속한 우리나라가 정말 이주노동자의 권리를 빼앗고 제한할 수 있을까요? 부끄럽게도 우리나라는 그런 선택을 했어요. 노동환경을 개선해 누구나 일하고 싶은 회사를 만드는 것이 아니라, 노동자를 억지로 회사에 묶어놓고 강제로 일을 시킬 수 있도록 제도를 만들어 이주노동자를 투입했어요. 시인 러메스 사연은 말합니다-'하루는 삶에 너무도 지쳐서/내가 말했어요/사장님, 당신은 내 굶주림과 결핍을/해결해주셨어요/당신에게 감사드려요/이제는

나를 죽게 해주세요'. 이 시를 어떻게 해석할지, 이러한 상황을 그대로 둬도 좋은지 우리 사회는 깊게 고민해야 해요.

2011년, 헌법재판소에서 믿기 어려운 판결을 하나 내놓았어요. 고용허가제 노동자가 회사를 옮기지 못하게 하는 것이 헌법에 있는 '직업 선택의 자유'를 침해하고 있으니 위헌 여부를 가려달라는 헌법소원에 대해 헌법재판소는 '기각'을 선고했어요. '기각'은 소송의 내용이 이유 없다고 판단한 법원이 소송을 종료하는 것이므로, 다르게 표현하면 고용허가제 내용이 헌법을 위반하지 않았다는 말이죠. 헌법재판소는 판결문을 통해 '고용허가제는 내국인을 보호하기 위한 법이니 국적이 다른 이주노동자를 차별하는 것은 문제없다'는 취지를 밝혔어요. 이것은 대한민국이 국제사회의 일원으로 모든 사람의 인권을 지키고자 노력할 의무가 있다는 것을 간과한 무척 아쉽고 부끄러운 결정이었어요.

이주노동자와 인권단체 들은 2020년, 같은 내용으로 다시 헌법소원을 청구했어요. 헌법재판소가 9년 전에 내놓았던 차별적인 판결에 대해 다시 판단해달라는 요구예요. 그 사이 우리 사회의 인권 의식이 얼마나 자랐을지 궁금하지 않나요? 이

글을 쓰고 있는 2021년 여름에도 우리는 여전히 '모든 사람의 인권을 존중하는 좋은 판결'이 나오기를 기다리고 있답니다.

우리가 먹는 깻잎과 토마토는
누가 키웠을까?

밀양에 있는 한 깻잎 농장에서 일하는 여성 이주노동자 푼팔리 씨는 매일 깻잎을 3만 장씩 따야 해요. 깻잎이 1,650장가량 들어가는 박스 18개를 만들려면, 10시간 동안한 번도 쉬지 않고 1.2초에 한 장씩 따야 하죠. 깻잎 따랴, 억세거나 시든 깻잎 따로 가려 자루에 담으랴, 쉼 없이 올라오는 새순 훑어내랴, 그 일을 한꺼번에 다 하려면 손이 열 개는 있어야 해요. 잠시 허리 펴고 땀 닦을 시간도, 화장실에 갈 시간도 없을 정도예요. 그렇게 아침 7시부터 저녁 6시까지 종일 일하고서도 6만 원으로 정해진 일당을 다 받지 못하기도 해요. 할당량을 다 채우지 못하면 1박스당 4천 원을 빼거든요. 원래 임금은 일한 시간에 따라 계산해야 하니, 박스당 계산은 노동법을 어기는 것이죠. 푼팔리 씨가 "사장님, 법을 지켜주세요" 하고 요청했지만 고용주는 콧방귀를 뀌었어요—"흥, 법 같은 소리 하네. 한국 법은 한국 사람인 내가 더 잘 알아!".

노동법은 노동조건을 법으로 정해서 노동자를 보호하고 고용주와의 관계를 명확하게 하려고 만든 법이에요. 근로기준법은 노동조건의 최저기준을 정해서 노동자가 지나치게 나쁜 조건에서 일하지 않도록 지켜주는 법이고요. 아무리 못해도 근로기준법은 지켜야 하는데 많은 회사가 그마저도 지키지 않고 있어서 큰 문제예요. 고용노동부 등 정부가 고용주에게 법을 지키도록 교육하고 감독해야 하지만, 많은 경우 뒷짐 지고 구경만 합니다. 좋은 법을 만드는 것만큼이나 시민이 법을 잘 지키고, 정부가 관리 감독을 잘하게끔 촉구하는 것은 매우 중요해요. 법의 보호를 받고 정부의 지원을 받는 것은 이주노동자뿐만 아니라 모든 노동자에게 꼭 필요한 일이니까요. 지금부터라도 노동법을 잘 지키는 사회를 만들어야 해요. 그래야 지금 청소년인 여러분이 커서 일하게 되었을 때 법의 보호를 받으며 더 안전하고 행복하게 일할 수 있겠지요?

전기가 끊긴 비닐하우스 숙소에서 잠자던 한 여성 이주노동자가 사망하는 일이 2020년 겨울에 일어났어요. 밭에 세운 비닐하우스에 사람이 살도록 해서는 안 되는데, 고용주는 주변에 마땅한 주택이 없다는 핑계로 비닐하우스를 기숙사로 사용했어요. 이 비통한 죽음은 언론을 통해 사회에 알려졌고, 시

민들은 이주노동자의 생활환경에 대해 관심을 갖기 시작했어요. 이 사건이 일어나기 훨씬 전부터 여러 해 동안 이주노동자 인권단체들은 '비닐하우스는 집이 아니다'라는 캠페인을 해왔어요. 너무 춥고 덥고, 곰팡이가 가득하고, 잠금 장치가 부실해 안전하지 않고, 깨끗한 물이 없으며, 목욕실이나 화장실이 없는 비닐하우스는 사람이 살기에는 적당하지 않은 시설이죠. 이주노동자가 처한 상황과 겪는 일에 관심을 갖는 시민이 많아져야 이주노동자의 인권을 보장할 수 있어요.

오늘 밥상에 오른 생선,
누가 잡았을까?

고등어구이, 멸치볶음, 오징어볶음, 참치마요삼각김밥… 자주 먹는 생선 요리죠. 생선을 먹으며 이 생선을 누가 잡았을지 생각해본 적이 있나요? 참치 등을 잡는 원양 어선 선원의 73퍼센트, 멸치, 고등어와 오징어 등을 잡는 20톤 이상 연근해 어선 선원의 41퍼센트가 이주노동자예요. 원양 어선 이주노동자에게 책정된 2020년 최저임금은 457달러(약 55만 원)였어요. 20톤 이상 연근해 어선에서 일하는 외국인 선원은 한국인 선원이 받는 임금의 약 78퍼센트만 받아요. 또 어획량에 따른 수당, 즉 잡은 물고기의 양에 따라 나눠 갖는 수당은 대부분 선주와 한국인 선원들만 나눠 가져요. 20톤 미만 연근해 어선에서 일하는 이주선원은 고용허가제 노동자이므로 최저임금법을 적용받아요. 선원들은 정해진 노동시간 없이 하루 두세 시간만 자고 계속 일해야 하는 경우도 많아요. 근로기준법의 휴일, 휴식시간에 관한 규정도 선원에겐 적용되지 않고요. 무엇보다 고통받는 것은 한국인들이 쏟아내는 욕설과 폭행이라고 해요. 2012년 국가인권위원회 실태조사 결과를 보면, 이주선원의 43퍼센트가 폭행당한 경험이 있다고 했고, 94퍼센트는 폭언을 들은 경험이 있다고 했을 정도예요.

오징어잡이 배에서 일했던 부디 씨의 말을 들어봅시다─"9월에서 12월 사이 오징어가 많이 잡히는데, 이때는 30시간 연속 일하기도 해요. 2시간 눈 붙이고 일어나 다시 30시간. 선주와 한국인 선원들도 똑같지만 그들은 그럴수록 더 좋아해요. 오징어가 많이 잡히면 돈을 더 많이 받거든요. 우리는 아무리 오래 일해도, 아무리 많이 잡아도 똑같은 돈을 받으니까 그저 힘들 뿐이죠".

원양 어선에서 참치를 잡았던 위자이 씨는 조심스럽게 말했어요─"갑판장이 자주 때렸어요. 이유도 모르고 맞으면서 너

무 아프고 비참했어요. 일을 포기하고 배에서 내리고 싶었지만 그럴 수도 없었어요. 송출업체가 중간에 그만두지 못하게 하려고 이탈보증금으로 내 돈을 450만 원이나 보관하고 있거든요. 송출업체는 제대로 관리도 안하면서 관리비를 떼어가고 선장이 여권과 통장을 빼앗아갔어요".

근로기준법은 노동자를 보호하기 위해 하루 노동시간을 휴식시간 빼고 8시간, 1주일에 40시간으로 정하고 있어요. 연장근무는 한 주당 총 12시간만 허용되고요. 그런데 농업, 축산업, 어업 분야는 일하는 시간을 일정하게 정하기 어렵다고 해서, 이 분야 노동자에게는 이 조항을 적용하지 않고 있어요. 고용주가 한 달 내내 쉬는 날을 주지 않아도, 하루 종일 일을 시켜도 법을 어기는 것이 아니죠. 정해진 임금의 50퍼센트를 더받는 연장근로수당, 휴일근로수당도 받을 수 없고요. 실제 이분야에서 일하는 노동자들은 한 달에 겨우 하루 이틀만 쉬는 경우가 많아요. 대부분의 한국인 노동자들이 한 달에 8일 쉬는 데 비해서 고작 1~2일이라니, 너무 큰 차별이죠. 모든 노동자는 적절한 시간 일하고 충분히 휴식할 수 있어야 해요. 이주노동자도 마찬가지예요.

'나쁜 사장님'은 잘못된 법과 제도 때문입니다

오늘 급식에 나온 생선조림, 저녁에 가족과 함께 먹은 삼겹살과 상추에 이주노동자의 땀과 눈물이 배어있다는 것을 아는 사람은 드물어요. 그만큼 이주노동자가 처한 상황, 겪는 일에 대해서 우리 사회가 무관심하기 때문이죠. 무관심은 차별적인 제도가 생겨나고 계속 유지되게 하는 힘이에요. 시민이 무관심한 사이 법과 제도가 이주노동자를 차별하도록 만들어졌기 때문에, 사장이 법을 지킬수록 이주노동자는 서럽고 억울해지는 일이 벌어지기도 해요. 이주노동자가 사업장에서 문제를 겪을 경우, 무조건 사장이 나쁘다고 비판할 일이 아니라 법이나 제도에 잘못된 부분이 있는지 잘 살펴봐야 합니다. 물론 일부 악질적인 사장도 있어요. 어떤 사장은 회사를 그만두게 해달라는 이주노동자에게 돈을 요구하기도 합니다-"봐줄 테니까 200만 원 가져와!". 그런데 사장이 이런 말도 안 되는 행동을 하도록 만든 것 또한 잘못된 제도 탓이 큽니다. 애초 이주노동자에게 회사를 그만둘 권리를 인정했다면 아무리 나쁜 사장이라도 이런 행동은 못 할 테니까요. 우리 사회에서 소중한 일을 하고 있는 이주노동자들이 차별받지 않도록 공정하고 평등한 법을 만드는 것이 무엇보다 중요합니다.

이주노동자를 초대하고 같이 일하는 방법에 대해서 지금까지와는 전혀 다른 관점이 필요해요. 독일도 과거에는 '손님노동자제도'를 운영하며 짧은 기간으로 계약하고 가족 동반을 금지했지만, 차츰 계약 기간을 늘려가다 영주자격을 주고 가족도 함께 이주해서 살도록 변화해갔어요. 우리 사회 역시 언제까지나 '손님'처럼 단기간 일하다 가라는 방식으로 이주노동제도를 운영할 수는 없을 거예요. 지금부터 준비해서 이주노동자도 '사람다운 노동과 삶'을 영위하도록 보장해야 해요.

미등록 이주노동자

미등록 이주노동자는 자신의 국적이 있는 나라가 아닌 다른 나라에서 체류자격(비자) 없이 살아가는 사람을 이르는 말이에요. 우리 사회에서는 '불법체류자', '불법체류노동자'라고 부르기도 하는데, 사람 그 자체가 '불법'인 듯 착각을 일으키는 이런 차별 용어는 사용하지 않는 게 좋아요. 정부에 등록되지 않았다는 의미에서 '미등록 이주노동자', 혹은 등록에 필요한 서류를 갖추지 못했다는 의미에서 '서류미비자'라고도 해요. 등록

되지 않은 삶은, 한치 앞을 예측할 수 없고 말할 수 없이 고단하고 불안정해요. 어디에 사는 누구인지 증명할 방법이 없고, 은행에서 계좌를 만들어 저축할 수도 없고, 돈을 안전하게 송금할 수도 없어요. 건강보험에 가입할 수 없으니 아파도 비싼 진료비가 무서워 병원에 가지 못해요. 단속에 쫓겨 늘 불안하고, 만약 단속될 경우 주변을 정리할 기회조차 없이 추방되기도 해요.

우리 사회는 겉으로는 미등록 이주노동자의 노동을 금지한다고 말하고 있지만 실제로는 그 노동력을 적극적으로 활용하고 있어요. 가령 코로나19가 심각했던 시기, 다른 나라에서 새롭게 들어와야 할 이주노동자가 방역 때문에 들어오지 못해 노동력이 부족해지자, 정부는 단속을 중단해서 미등록 이주노동자가 일하도록 하고 있어요. 그러다 상황이 달라지면 단속을 다시 시작해서 노동력 공급을 조절하는 방식이죠. 미등록 이주노동자들은 체류자격이나 노동자격이 없다는 이유로 더 위험하고 임금이 낮은 일을 할 수밖에 없고, 땀 흘려 일하고도 임금을 떼이기도 해요.

한 이주자가 말합니다―"공짜로 일자리를 달라는 것도 아

닙니다. 세금을 안 내겠다는 주장도 아니고요. 그저 이방인 역시 다른 사람과 어울려 똑같이 살 수 있는 권리를 부여해달라는 겁니다". 혹시 '이방인 주제에 똑같은 권리를 달라고 하다니 너무 뻔뻔하잖아'하는 생각이 드나요? 이 말을 한 사람은 미국에 살고 있는 한인 김정우 씨로, 미국 내 한인의 인권 신장을 위해 일하고 있어요. 김정우 씨는 고등학교 졸업을 앞두고 한 대학에서 합격 통보를 받았어요. 그 학교에 등록하는 과정에서 학교 측은 사회보장번호가 없다는 이유로 열 배 비싼 등록금을 요구했어요. 부당하다고 생각한 김정우 씨는 무료 법률상담을 해주는 변호사를 찾아가 여러 대학을 상대로 소송했고 결국 입학 허가를 받아냈어요. 권리를 찾기 위해 싸워서 끝내 이긴 것이죠.

2020년, 새롭게 선출된 미국 바이든 대통령은 미국 내 미등록 이주자 1천 1백만 명에게 시민권을 받을 수 있는 길을 열어주는 '바이든표 이민개혁법안'을 공개했어요. 법안은 미등록 이주자가 신원 조사를 통과하고 세금 납부와 같은 요건을 충족하면 5년 뒤 영주권을 받고, 3년 후에는 시민권을 신청할 수 있도록 한다는 내용을 담고 있어요. 이 법안에 힘입어 김정우 씨와 미국 내 미등록 이주자들이 열심히 활동해서 좋은 결과를 얻기를 바라요. 이처럼 미등록 이주자는 어떤 정책으로 포용하느냐에 따라 선량한 시민이 될 수도 있고, 단속에 쫓기는 사람이 될 수도 있어요. 우리 사회가 어떤 정책을 선택하면 좋을지 같이 토론해보면 좋겠어요.

우리나라에서도 미등록 이주자에게 등록 기회를 주고 체류자격을 줬던 경험이 여러 번 있어요. 2002년, 월드컵을 앞두고 미등록 이주자에게 임시 비자를 줬고 2003년, 고용허가제 실시를 앞두고 4년 미만 체류한 미등록 이주자에게 일정 기간 체류하도록 허가했어요. 또 2006년에는 초등학교에 다니는 자녀가 있는 가족 구성원에게 체류자격을 준 일이 있어요.

국가인권위원회는 2020년, '장기체류 미등록 이주아동을 무조건 강제퇴거시키는 것을 중단하고, 국내에 체류하기를 원하는 이들이 체류자격을 신청하고 심사받을 수 있는 제도를 마련하라'고 법무부 장관에게 권고했어요. 이 권고는 미등록 이주청소년들이 낸 진정서에 대한 답변이었어요. 국가인권위원회는 '체류자격 없이 출생하고 성장한 것이 이 청소년들의 책임이 아니고, 대한민국에서 학교에 다니며 대한민국의 언어·풍습·문화·생활환경에서 비롯된 정체성을 형성했으며, 교우관계와 같은 사회적 기반을 형성했다'는 것을 주요하게 인식했어요. 하지만 법무부는 아동·청소년의 학습권을 보호하기 위하여 고등학교를 졸업할 때까지만 강제퇴거를 미루는 것일 뿐 체류자격을 부여할 제도는 없다는 입장이었어요. 고등학교를 졸업하는 즉시 단속 대상이 된다는 말이죠. 고등학교 졸업이 사회에 진출해 새로운 미래를 시작할 출발점이 되기는커녕 단속과 추방의 출발점이 될 터이니, 청소년들은 하루하루 졸업 시기가 다가오는 것이 두려웠어요.

국가인권위원회의 권고를 받은 법무부는 국내에서 출생한 후 15년 이상 체류하며 중·고교를 다니거나 졸업한 미등록 이주아동에게 체류비자를 주는 정책을 발표했어요. 하지만 한국에서 태어나지는 않았지만 어릴 때 와서 성장한 아동들은 쏙 빼놓은 데다, 아동을 돌봐야 하는 부모는 고액의 범칙금을 납부해야 체류비자를 준다는 말도 안 되는 조건이 있어서 기대에 부풀었던 이들이 크게 실망하고 있어요.

출입국관리법에는 공무원이 미등록 이주자를 발견하면 즉시 출입국·외국인관서로 통보해야 하는 의무가 포함되어있었어요. 그러다보니 폭행이나 교통사고, 절도 같은 피해를 당해도 미등록 이주자는 신분이 드러날까봐 두려워 경찰에 도움을 요청하지 못하곤 했어요. 법무부는 2013년, 법을 개정했어요. 학교에서 학생이 미등록 이주자인 것을 알게 된 경우, 공공보건 의료기관에서 환자의 신상정보를 알게 된 경우, 범죄 피해나 인권 침해 받은 사람을 구제할 때는 이 의무를 면제하기로 한 것이죠. 하지만 임금체불과 산업재해 등 노동권을 침해받은 미등록 이주노동자가 노동부에 도움을 요청하는 경우는 면제 대상에 포함하지 않고 있어서 문제가 되고 있어요. 이처럼 우리 사회는 미등록 이주자의 인권 또한 보호해야 한다는 것을 느리지만 조금씩 알아가고 있어요. 미국에서 미등록 이주자가 등록할 기회를 가지는 것처럼 우리나라에서도 모든 미등록 이주자가 등록하는 날이 오기를 바랍니다.

난민

이란 사람 민혁(가명) 씨는 여섯 살이던 2010년에 사업하는 아버지를 따라 한국에 왔어요. 본래 이슬람 교인이었지만 친구와 함께 성당에 다니게 되었어요. 민혁 씨는 이란이 이슬람 국가이고 종교를 바꾸는 것은 사형당할 수도 있는 죄라는 사실을 나중에 알았어요. 체류기간이 끝나던 즈음, 개종한 사실이 이란에 알려졌으니 돌아가면 위험하겠다고 판단한 민혁 씨와 아버지는 한국 정부에 난민인정신청을 했어요. 그러나 난민 지위를 인정받지 못했고, 행정소송에서도 3심까지 다 기각당하고 말았어요. 2018년, 그 내용을 알게 된 민혁 씨의 중학교 친구들이 나서기 시작했어요. 청와대 국민청원에 글을 올리고, 1인 시위를 하고, 입장문을 발표해 호소했어요. 그 덕분에 민혁 씨는 '이란에서 종교를 숨기고 사는 것은 공포가 될 수 있다'는 이유로 난민인정을 받았어요. 그러나 아버지는 난민인정이 아니라 '인도적체류지위'*를 받았어요. 이후 아버지는 출입국·외국인청장을 상대로 '난민 불인정 결정 취소 소송'*을 제기했고, 재판부는 민혁 씨의 아버지가 '이란으로 귀국할 경우 종교적 이유로 박해를 받으리라는 공포가 인정되고, 가족결합의 원칙에 의해 아버지에게 난민지위를 부여할 인도적 필요가 있다'는 판결을 내렸어요.

민혁 씨는 개종이 중죄라는 것을 알게 되면서 '내가 이란으로 돌아가면 박해받을 수 있구나'하는 공포를 느끼게 되었어요. 유엔이 1951년에 채택한 '난민협약'에 따르면 난민이란

'인종, 종교, 국적, 신분 또는 정치적 의견 등을 이유로 박해받을 것이라는 근거 있는 공포가 있고, 출신국의 보호를 받을 수 없거나 또는 출신국의 보호를 원하지 않는 사람'을 말해요. 난민협약에 가입한다는 것은, 국제사회의 일원으로 난민에 대한 보호책임을 나누어진다는 의미예요. 난민인정을 받으면 취업이 자유롭고 국민과 같이 사회

보장 혜택을 받을 수 있어요. 배우자와 미성년 자녀를 초청해서 가족결합을 할 수 있지요. 인도적체류지위는 난민협약 상 난민은 아니지만 출신국으로 돌아갔을 때 박해받을 위험이 있는 사람을 보호하기 위한 장치예요. 이 지위를 인정받은 사람은 임시로 머물 수 있고 일할 권리가 있어요. 하지만 가족결합의 권리가 보장되지 않고 사회보장을 받을 수 없어요.

난민협약에 비준(批准, 정부가 국회의 동의를 얻어 국제협약에 가입하는 절차)한 우리나라는 1993년부터 난민보호 의무가 생겼어요. 2012년에는 난민법을 제정해서 더 적극적으로 난민을

보호할 수 있도록 제도를 정비했어요. 2018년, 제주도에 입국한 예멘 난민들이 집단적으로 난민신청을 하면서 '난민'에 대한 관심이 급증했을 당시, 한 여론 조사 기관에서 '우리를 찾아온 난민을 우리 정부가 보호해야 하는지 묻는 여론조사'를 했어요. 의견이 아주 분분했죠. 그런데 이것은 아주 의미 없는 조사였어요. 우리나라는 이미 난민을 보호하겠다는 약속을 국내외에 계속해왔거든요. 국민을 대표하는 국회가 동의하여 난민협약에 비준했고, 또 국내법으로 난민법을 만들면서 다시 한번 국민의 의지와 약속을 모은 바 있으니, 두말없이 난민을 보호할 법적 의무가 있는 것이죠. 의무를 저버리고 미적거려 혼돈을 초래한 정부와 '돈 벌러 온 가짜 난민', '돌아가라'며 비난과 혐오를 쏟아낸 일부 몰지각한 시민들로 인해, 대한민국의 2018년은 국제사회에 얼굴을 들 수 없을 만큼 부끄러운 해였어요. 국제협약에 가입하거나 법률을 만드는 일은 무거운 책임이 뒤따르는 일입니다. 또 난민은 돌아갈 곳이 없는 이주자예요. 돌아갈 곳이 없는 사람에게 '돌아가라'고 하는 것은 더할 수 없는 폭력이에요.

2018년, 유엔 인종차별철폐위원회는 우리나라에 대한 심의를 마치고 최종 견해를 발표했는데, 난민보호 정책에 대해서 여러 가지 우려를 표했어요. 우선 가장 큰 우려는 난민인정률이 너무 낮다는 점이었어요. 우리나라의 난민인정률은 3.5퍼센트예요. 이를 터키(88.1퍼센트), 캐나다(51.8퍼센트), 독일(31.7퍼센트)과 비교할 때는 물론이거니와, 경제협력개발기구 OECD 37개 회원국 평균 인정률 24.8퍼센트와 비교해도 우리가 지나치게 인색하다는 것을 알 수 있어요. 그런데도 제주도 예멘 난민 사건 당시 '난민법 폐지'를 주장하는 청와대 국민청원에 우리 시민들이 대거 참여했으니 정말 참담한 일이에요.

난민을 심사하는 과정도 문제가 심각하다는 지적이 있어요. 난민인정신청 후 1차 심사 결과를 받기까지 너무 시간이 많이 걸린다는 것도 문제고, 낙타가 바늘구멍을 빠져나오는 것보다 더 어렵고 까다로운 심사로 난민신청자를 고통스럽게 하는 것도 문제예요. 난민들은 낯선 나라에서 생계를 꾸려가며 어렵게 심사에 응하고 있어요. 그런만큼 담당 공무원은 최대한 난민 입장을 고려해서 심사를 진행해야 하는데, 오히려 공무원이 면접 기록을 조작해 물의를 빚는 사건도 일어났어요. 본국에서 인권운동을 하다 박해받을 위험을 느껴 한국에 보호를 요청한 한 난민이, 자신의 면접 기록에 '돈을 벌기 위해' 한국에 와서 난민신청을 했다고 적혀있는 것을 알게 되어 사회에 고발했던 일도 있었답니다.

난민은 국제사회가 함께 보호하기로 약속한 '지구 시민'이에요. 우리나라는 국제사회의 일원으로서 그 약속을 함께 지킬 책임과 의무가 있고요. 난민의 신분증명, 주거와 의료, 노동과 교육, 아동복지 등 난민의 권리를 잘 보장해야 해요.

이주아동·청소년

 이주자들은 자녀를 동반해 들어오기도 하고, 한국에서 배우자를 만나 가정을 꾸려 자녀를 출산하기도 해요. 이주 1.5세 혹은 2세들은 부모의 체류자격에 따라 상당히 다른 상황에 놓이게 돼요. 부모가 안정적인 체류자격을 가진 경우 자녀들도 체류와 활동이 자유로운 편이고, 부모의 체류기간이 엄격하게 정해진 경우 자녀들의 체류도 불안정하죠.

한국 국적을 가진 영유아기 아동은 어린이집이나 유치원에서 무상으로 돌봄과 교육을 받을 수 있지만, 국적이 없는 경우에는 모든 비용을 부모가 부담해야 해요. 경기도 안산시, 부천시는 비교적 먼저 외국인 아동의 보육료를 지원하기 시작했고, 뒤를 이어 경기도가 같은 정책을 마련했어요. 이 정책이 전국적으로 확산되도록 촉진할 필요가 있어요.

그런데 안산시와 부천시, 경기도처럼 좀 나은 이주민 정책을 펴는 곳에서도 여전히 지원받지 못하는 영유아가 있어요. 바로 미등록 이주아동이죠. 미등록 이주아동은 미등록 이주자의 자녀로 체류자격이 없는 아이들이에요. 출생신고조차 하지 못해서 존재를 증명할 방법이 없는 경우도 있어요. 우리나라는 부모 중 적어도 한 사람, 혹은 모두 한국인인 경우에만 자녀에게 한국 국적을 주고 있어요. 한국인은 우리 정부에 출생신고를 하지만, 부모 모두 외국인인 아동은 부모의 국적이 있는 나라 정부에 출생신고를 해야 해요. 하지만 부모가 난민이어서 출신국의 보호와 행정지원을 받지 못하는 경우에는 출생신고를 할 수 없어 사실상 무국적 상태에 놓이게 되지요. 간혹 이주자 출신국 정부가 자기 국민이 '미등록 체류자'라는 이유로 보호와 행정지원을 외면하는 경우가 있어요. 그럴 경우 자녀가 태어나도 출생신고를 하지 못하기도 해요. 이주자의 인권을 지키려면 출신국 정부와 취업국 정부가 협력해야 하는데,

이처럼 서로 책임을 미루는 일이 잦아 사각지대에 놓이는 이주자가 생겨나곤 하죠.

이 문제를 해결하기 위해 '보편적출생등록제도'가 방안으로 제시되고 있어요. 보편적출생등록제도는 국적자든 아니든 출생한 모든 아기를 정부에 등록할 수 있도록 보장하는 제도예요. 아기의 출생신고가 이뤄지면 이름, 출생일, 출생지, 가족관계, 국적과 같은 정보가 우리 정부에 기록되므로 아기의 존재를 증명할 수 있게 되죠. 존재가 등록되면 정부가 아기를 보호하고 아기의 권리를 보장할 수 있게 될 거예요. 미등록 이주아동을 포함한 모든 아동을 보호하기 위해서 반드시 필요한 제도예요.

유엔 아동권리협약은 아동에 대한 차별을 금지하는 동시에 '아동 최상의 이익'에 대해 말하고 있어요. 아동 최상의 이익은 다양한 이해관계가 연결된 복잡한 문제를 해결해야 할 때 아동의 이익을 제일 먼저 고려하자는 약속이죠. 아직 스스로 자기 주장을 하기 어려운 아동을 보호하기 위해 온 세계가 같이 약속한 것이죠. 이주아동, 특히 미등록 이주아동에 대해서도 이와 같은 원칙을 지킬 수 있도록 노력해야 해요.

마을에서, 어린이집에서, 학교에서 만나는 이주아동·청소년은 국적이나 주민번호를 가졌느냐와 무관하게 모두 우리 사회의 구성원이죠. 어떤 배경을 가진 아동·청소년이든 대한민국 시민으로 인정하고 교육에 참여할 수 있게 해야 해요. 아동·청소년이라면 누구나 건강할 권리, 돌봄 받을 권리, 교육받을 권리가 있고, 우리 사회는 보호하고 서비스를 제공할 의무가 있어요. 미등록 이주아동에 대해서 더 알고 싶다면, 제가 쓴 책《로지나 노, 지나》와 은유 작가의 책《있지만 없는 아이들》을 읽어보기 바랍니다.《로지나 노, 지나》에는 여섯 살에 한국에 와 미등록 이주자로 살다 간 방글라데시 소녀 로지나의 이야기가,《있지만 없는 아이들》에는 한국에서 성장하고 있는 미등록 이주청소년들의 생생하고 아픈 목소리가 담겨있어요.

다양한 한국인

'나는 한국인입니다'라는 말에 대해서 생각해봅시다. 여러분은 스스로를 한국인이라 여기고 있나요? 그렇다면 '한국인'은 어떤 의미일까요? '한국인'의 의미를 생각하며 아래 대화를 살펴봅시다.

"어느 나라 분이세요?"

"한국 사람입니다."

"에이, 아닌데요? 말투가 한국 사람 같지 않아요."

"한국 사람 맞아요. 저는 5년 전에 귀화했어요. 그 전에는 방글라데시 국적이었어요."

"그럼 방글라데시 사람이라고 해야죠."

"그런가요? 저는 전에 방글라데시 국적이었고, 민족을 따지자면 줌머족이죠. 저는 방글라데시 사람이라고 해야 할까요, 줌머족이라고 해야 할까요?"

"방글라데시에서는 국적과 민족이 다를 수도 있나 봐요?"

"맞아요. 방글라데시에는 벵골족이 98퍼센트로 가장 많고요, 우리 줌머족은 1퍼센트도 안 되는 소수민족이에요."

"방글라데시는 인구 구성이 좀 복잡한가 봐요. 한국은 단일민족이라 아주 간단하고 좋아요."

"한국도 마찬가지예요. 선생님은 한국 국적을 가진 한민족이고, 저는 한국 국적을 가진 줌머족이고요."

"예? 뭐라고요?"

차크마 씨와 대화했던 '한국인'은 알쏭달쏭한 표정을 지었다고 해요. 우리나라는 오랫동안 '한민족(한인)'이 중심이 되어 나라를 이루어 살았으므로, '한국인'이라는 표현에는 당연히 '한민족(한인)'이자 '대한민국 국적자'라는 의미가 들어있다고 여겨왔어요. 오랜 역사를 거치는 동안 중국, 몽골, 일본, 여진, 거란, 베트남 등 다양한 민족 출신이 한반도에 들어와 정착해 지금껏 섞여 살아왔지만, 그 사실에 크게 주목하지 않고 모두 한겨레 한민족임을 강조해왔던 거죠. 하지만 이제 달라졌어요. 1948년 대한민국 정부 수립 이후, 110개 나라에서 온 20만 명 넘는 이주자가 귀화해서 한국 국적자로 살아가고 있거든요. 지금 이 순간에도 서로 다른 민족 출신 시민이 결혼해서 가정을 이루고 그 자녀가 태어나고 있으니, 앞으로는 더 다양하게 될 거예요.

그렇다면 누군가의 정체성을 정의할 때도 그런 다양성을 담아 표현해야겠지요. '한국계 미국인'이라는 표현을 들어본 적이 있나요? 한민족(한인) 출신으로 현재 미국 국적을 가진 사람을 이르는 말이죠. 2020년에 개봉한 영화 〈미나리〉는 1980년대 미국으로 이민 갔던 '한민족(한인)' 가족의 이야기를 담은 영화예요. 미나리는 우리나라 들판과 개울에서 자생하는 여러해살이풀이죠. 〈미나리〉는 질긴 생명력으로 척박한 곳에서도 끈질기게 뿌리내리는 미나리를, 낯선 곳에 정착하느라

미나리처럼
뿌리내릴 수 있도록.

고생하던 가족의 이야기와 연결한 작품이에요. 언론은 이 영화를 만든 감독 '리 아이작 정(정이삭)'과 주연배우 '스티븐 연'을 소개할 때 민족적·국적 정체성을 담아 '한국계 미국인'이라 소개하곤 해요. 같은 방법으로 차크마 씨를 소개한다면 '줌머계 한국인' 혹은 '방글라데시계 한국인'이라 할 수 있겠어요. 이런 표현이 지금은 낯설지만 앞으로는 자주 접하게 될 거예요. '한국계 미국인'이 미국 사회에 잘 정착하기를 응원하는 것처럼, 이 사회에 들어와 살고 있는 이주자들 또한 미나리처럼 푸르게 뿌리내리도록 우리가 함께 도와야겠지요?

자신을 보호하기 위해 스스로 노력하는 이주자들

이주노동자노동조합

모든 노동자는 권리가 있어요. 하지만 고용주에 비해 약자인 노동자는 노동시간과 임금, 노동환경을 개선하라고 요구하기 어렵죠. 그래서 법과 제도를 통해 노동자가 권리를 지킬 수 있도록 보호해요. 노동자는 노동3권을 행사할 수 있어요. 노동3권은 단결권, 단체교섭권, 단체행동권이죠. 이러한 권리는 어느 날 갑

자기 인정받은 것이 아니라 오랜 기간 노동자들이 저항하고 권리 운동을 해서 어렵게 확보한 것입니다.

◇ **단결권**: 노동자들이 모여 노동조합을 결성할 권리
◇ **단체교섭권**: 노동조합이 고용주와 노동시간, 임금 등 노동조건에 대해 협상할 권리
◇ **단체행동권**: 단체교섭으로 합의하지 못한 분쟁을 해결하기 위해 태업이나 파업 같은 수단을 사용할 권리

이주노동자도 노동조합을 만들 수 있을까요? 물론 만들 수 있어요. 이미 활동하고 있는 노동조합도 있고요. 그러나 그 과정이 쉽지는 않았어요. 현재 활동하고 있는 '이주노동자노동조합'은 2005년, 노동조합 설립신고를 했지만 반려(제출한 문서를 처리하지 않고 되돌려줌)당했어요. 이유는 조합원 중에 미등록 이주노동자가 있다는 것이었고, 고용노동부는 미등록 이주노동자는 노동3권의 주체가 아니라고 주장했어요. 결국 재판을 통해 대법원에서 '취업자격이 없는 외국인도 노조법에서 규정하는 근로자의 범위에 포함되므로 자유롭게 노조를 결성하거나 가입할 수 있다'는 판결을 받아냈어요. 설립 신고를 한 뒤 정식 노조로 인정받기까지 무려 10년 4개월이나 걸렸어요.

이주노동자노동조합은 우리나라가 이주노동자를 일회용품 취급한다고 비판하고 있어요. 우다야 라이 노동조합 위원장의 말을 들어볼까요?-"이주노동자는 일회용품이 아닙니다. 젊은 사람을 데려와서 최대한 착취하고 버리고, 또 새로운 사람 데려오는 일을 반복해서는 안 됩니다. 이주노동자가 장기적으로 일하며 한국에도 기여하고 자기 미래도 계획할 수 있도록 해야 해요. 가족 동반과 영주도 허용해야죠". 또 지금과 같이 고용허가제를 계속 운영할 것이 아니라, '이주노동자에게 노동허가'를 해줘서 보다 자유롭게 취업하고 차별받지 않고 일할 수 있도록 해야 한다고 말했어요. 만약 여러분에게 결정할 수 있는 권한이 있다면, 이주노동자를 족쇄로 묶어두고 일 시켜 얻는 부끄러운 이익과, 평등하고 정의로운 사회를 추구해서 얻는 공정한 이익 중에 어떤 것을 선택하고 싶은가요?

미얀마노동자복지센터
이주노동자들은 아프거나 다쳤을 때 서로 돕기 위해, 명절을 같이 보내고 자신들의 문화를 즐기기 위해 크고 작은 모임을 만들곤 해요. 열 명 남짓인 작은 모임도 있고 수만 명에 달하는 큰 모임도 있어요. 모임이 특히 활발한 나라로는 네팔, 미얀마, 방글라데시, 캄보디아 등을 꼽을 수 있어요.

미얀마노동자복지센터는 미얀마인 스스로 만들고 회원들의 회비와 후원금으로 운영하고 있어요. 무엇보다 회원들이 겪는 임금체불 문제를 지원하기 위해 노력해요. 임금을 받지 못한 노동자가 노무사와 같은 전문가의 도움을 받도록 연결해주고 중간에서 통역과 번역으로 소통을 돕는 방식이죠. 또 회원들이 참여하는 소셜 미디어 대화방을 만들어 정보를 올려줍니다. 센터가 열어놓은 소셜 미디어 페이지에는 2만 명 넘는 사람들이 가입해서 노동, 건강, 체류와 관련된 정보를 공유하고 있어요. 정확한 정보와 통역이 있으면 한국어에 서툰 사람도 자기 문제를 해결하기 위해 능동적으로 대응할 수 있기 때문이죠. 한국어, 컴퓨터, 노동법, 성평등 같은 주제로 강좌를 열어 같이 학습하고, 기초질서 지키기 캠페인도 해요. 노동자들이 지식을 넓히고 더 나은 삶을 선택할 수 있도록 협력하는 것이죠. 또 미얀마에 가뭄, 태풍 같은 자연재해나 쿠데타 같은 심각한 문제가 생기면 모금해서 현장을 지원하는 일도 아주 중요하게 하는 일이에요. 멀리 떠나있지만 고국과 이어진 끈을 놓지 않고 함께하려고 노력하지요. 미얀마 이주노동자들은 이런 활동을 하며 자긍심을 높이고, 협력과 연대를 배우고 있어요.

이주자도 권리가 있나요?

이주노동자는 차별받아
마땅한가요?

간혹 이런 주장을 하는 사람이 있어요-"자기 나라에서 100달러(약 11만 원) 버는 사람이니까 여기서도 100달러만 주면 되는 거야!". 또 매년 최저임금을 심의하는 시기가 되면 이주노동자는 최저임금 적용 대상에서 제외해야 한다는 의견이 나오곤 해요. 한 정치인은 "외국인근로자가 많은 중소기업은 최저임금 인상에 따른 인건비 증가로 경영 악화가 우려된다. 외국인근로자에게 최저임금을 적용하지 말자"고 주장하기도 했어요. 고용노동부는 이런 주장이 '노동자의 국적이나 인종과 관계없이 균등하게 대우해야 한다'는 국제협약에 어긋나는 주장이라고 입장을 밝혔어요.

내국인과 동일한 최저임금을 적용받는다 해도, 이주노동자는 내국인노동자에 비해 낮은 소득을 얻고 있어요. 국세청 자료를 참고하면 2018년 기준, 연말정산을 한 이주노동자의 평균 연봉이 2590만 원이고 내국인노동자의 평균 연봉은 3519만 원이었다고 해요. 차액이 1천만 원 가까이 돼요. 그 이유는 이주노동자가 주로 임금이 낮은 직군에서 일하고 있고, 대부분 최저임금 선에서 이주노동자의 임금이 정해지기 때문이죠. 경제협력개발기구는 2017년, 우리나라의 내국인 대비 외국인 임금 비율인 64퍼센트는, 이탈리아(76퍼센트)와 스페인(76퍼센트)에 비해 너무 낮다고 밝혔어요.

이주노동자에게 낮은 임금을 주는 것이 내국인노동자에게 어떤 영향을 미칠까요? 임금이 높은 내국인노동자와 임금이 낮은 이주노동자가 같은 일을 한다면 고용주는 누구와 계약을 하고 싶을까요? 독일의 노동조합은 유럽연합EU 회원국 사이에 노동력 이동이 늘어나던 시기에 이주노동자에게 낮은 임금이 책정되자, 독일인노동자가 일자리를 잃게 될 것을 염려하여 같은 노동에는 같은 임금을 주라고 요구했어요.

취업국이 이주노동자를 바라보는 관점에 대해서도 한번 짚어보지요. 취업국은 노동력이 필요해서 이주노동자에게 도움을 받는 것이지요? 그렇다면 우리 사회에 사람이 부족해서 다른 사회에서 나고 자란 사람을 초대할 때, 이주노동자 한 사람의 값을 어느 정도로 계산해야 할까요? 사람을 값으로 계산하고 물건에 비유하는 것은 적절하지 않지만, 이주노동자가 얼마나 부당하게 대우받고 있는지 알아보기 위한 과정이니 용서하기 바랍니다.

우선 우리나라에서 노동자 한 사람을 키우는 데 비용이 얼마나 드는지 알아보기로 해요. '노동자를 키운다'는 표현이 낯설지요? 사람이 태어나면 가족과 사회에 속해 사랑받으며 성장하고, 그 사회의 구성원으로 역할 할 수 있도록 교육받아요. 사람이 태어나서 일할 수 있을 만큼 몸과 마음이 자라는 것, 그것이 바로 노동자 한 사람이 만들어지는 과정이죠. 2019년, 한 언론사가 계산한 내용에 따르면 우리나라에서 아기가 태어나 고등학교까지 졸업하는 데 드는 양육비가 2억 1천만 원가량이라고 해요. 대학까지 졸업하는 데는 약 3억 원이 필요하고요. 출산 비용, 젖병 구입을 비롯해 육아에 드는 비용, 돌잔치와 생일 파티 비용, 식비, 옷값, 교육비 등 모든 것을 다 계산한 금액이라고 해요. 꽤 큰 금액에 놀랐나요? 하지만 돈만 들인다고 사람이 저절로 자라는 것도 아니죠. 가족과 사회가 쏟는 사랑과 정성, 시간은 돈으로 계산할 수도 없어요. 나라마다 조금씩 다르겠지만 어느 사회라도 한 사람을 키우기 위해서 들이는 사회적 비용은 비슷할 거예요.

이주노동자 출신국에서 그처럼 비용과 사랑을 쏟아 키워놓은 사람을 우리가 초대해 우리 사회를 위해 일해달라고 부탁하려면, 출신국에는 얼마를 지불해야 할까요? 우리나라에서 만들지 못하는 기계를 수입할 때 우리는 반드시 합당한 값을 지불해야 하지요. 그런데 왜 유독 '사람'에 대해서는 다르게 생각하는 것인가요? '귀하디귀한 사람을 보내줘 고맙다'고 인사하기는커녕 내국인보다 낮은 임금을 줘야 한다고 주장하는 것은 참으로 염치없는 짓이죠. 이렇게 '사람 귀한 줄 모르는' 우리 사회는 인구가 급격히 줄어드는 인구 절벽 상황을 코앞에 두고 있어요.

국민이 아닌데도 권리가 있다고요?

이주자 중 귀화해서 대한민국 국적을 취득한 이가 있는데, 귀화자는 국민이므로 국민이 누리는 법적 권리를 동등하게 보장받아요. 여기서는 귀화하지 않고 외국인 신분을 유지한 사람이 권리를 가질 수 있는지에 대해서 이야기해보려고 해요.

기본권은 국가가 보장하는 기본적인 권리를 말해요. 사람이 사람답게 살아가는 데 꼭 필요한 권리를 묶어 인권이라 하고, 그중에서 법으로 정해놓은 권리를 기본권이라 할 수 있어요. 어떤 권리를 법에 담을 것인지에 대한 생각은 나라마다 다르고 시대에 따라 변화하고 있어요. 그렇다면 이 시대 한국에서 살고 있는 외국인은 기본권을 보장받을 수 있을까요? 현재 우리 사회에서는 헌법에 정해진 여러 권리 중에 '국민의 권리'가 아니라 '인간의 권리'로 볼 수 있는 기본권은 외국인도 누릴 수 있다는 견해가 확장되고 있어요. 이를테면 인간의 존엄과 가치를 지키기 위한 권리, 행복추구권, 평등권은 '인간의 권리'라고 보는 것이죠. 따라서 외국인의 권리 역시 사회적 논의를 거치며 시대와 상황에 따라 달라지고 있고, 점차 확장해가고 있어요.

우리 사회에 외국인 수가 아주 적었을 때는 외국인의 권리를 얼마나 보장해야 하느냐에 대해 거의 생각하지 못했어요. 점차 외국인 수가 늘어나고 그들이 다양한 일에 참여하게 되면서 권리를 하나씩 추가로 인정하게 된 거죠. 가령 우리나라가 처음 공식적으로 이주노동자를 도입하기 위해 운영했던 '외국인 산업기술연수생 제도'는 이주노동자를 노동법으로 보호하지 않았어요. 이 제도를 통해 들어오는 노동자에게 '산업기술연수생'이라는 이름을 주었고, '연수생'은 익히고 배우는 사람이니 '노동자'가 아니라고 주장했어요. 하지만 실제로는 생산 현장에 투입해서 노동을 하게 했으니 거짓 주장이었지요. 누군가를 '노동자로 인정한다'는 것의 의미는, 그 사람이 노동자로서 가지는 권리를 보장하기 위해 사회가 책임진다는 것이고, 필요한 비용을 부담한다는 의미예요. 우리 사회는 그 책임과 비용을 피하려고 '연수생'이라는 가짜 이름표를 활용한 것이죠. 연수생들은 자신을 억누르는 차별적인 제도에 굴복하지 않고 끊임없이 문제를 제기했어요. 최저임금을 적용받을 권리, 산업재해보상보험법의 적용을 받을 권리, 퇴직금을 받을 권리를 위해 싸웠고 차츰 권리를 확장했어요. 공식적으로 이주노동자를 '노동자'로 인정하고 노동3권을 보장한 것은, 2003년 '고용허가제법'이 만들어지면서부터예요.

1993년에는 미등록 이주노동자도 법률상 노동자에 해당하기 때문에 업무상 부상을 입으면 산업재해보상보험법으로 보호받을 수 있다고 법원이 판결했어요. 하지만 법원 판결에도 정부가 보호 의무를 다하지 않자 산재를 당한 이주노동자들이 직접 싸우기 시작했죠.

"나처럼 쫓겨나거나 도망 나온 네팔 노동자들이랑 함께 지냈는데, 한 오빠가 농성(어떤 목적을 이루기 위하여 한자리를 떠나지 않고 시위하는 것)을 하자고 했어요. 오빠는 공장에서 일하다가 오른팔을 다쳤는데 사장이 경찰을 데리고 와서 병원에 누워있는 오빠를 불법체류자라고 강제로 출국시키려고 해서 도망쳤어요. 오빠도 나도 너무 억울했지만 농성하는 거는 싫었어요. 돈 벌러 왔는데, 돈은 하나도 못 벌었는데, 농성을 하자고 하니까 너무 싫은 거예요. 밥 먹는 것도 어려운데, 일자리도 없는데, 그러다 빈털터리로 쫓겨나면 어떻게 하냐고 오빠한테 하지 말자고 했어요. 나는 동생들, 엄마를 위해 돈 벌어야 한다고, 다들 내가 돈 벌어줄 거만 생각하고 있다고. 가족을 넘어

다른 걸, 우리를 생각하는 게 쉽지 않았어요. 그런데 나만 그런 거 아니고 다른 사람들도 너무 힘들어한다는 말에 흔들렸어요. 우리가 잘하면 다른 사람들도 좋아질 수 있을 거란 말에 농성을 결심했어요."

_〈인권오름〉 183호, 유해정 활동가 "우리도 사람입니다-이주노동자 운동의 역사를 연 94년, 95년 농성" 중에서

1991년에 열여섯 살 나이로 한국에 온 네팔 사람 먼주 씨는, 알아들을 수 없는 욕설과 열두 시간 넘는 노동으로 지쳐가던 중 기계에 손가락 세 개를 잃는 사고를 당했어요. 치료와 보상은 고사하고 머리채를 잡혀 쫓겨난 먼주 씨는 이주노동자 인권단체를 찾아갑니다. 먼주 씨를 포함해 일하다 다치고도 치료도, 보상도 받지 못한 이주노동자 열세 명이 농성을 하며 항의해서, 미등록 이주노동자에게도 산업재해보상보험법을 적용한다는 정책을 끌어냅니다. 이 외침은 우리 사회에 이주노동자의 실상을 고발한 최초의 행동이었어요. 그 이듬해에는 인권침해와 차별에 고통 받던 산업기술연수생들이 외쳤어요-'우리는 노예가 아니다. 때리지 마라'. 이 외침은 우리 사회를 강하게 흔들었어요. 우리 정부는 산업기술연수생에게 노동법 중 최

저임금, 산업재해보상보험법, 폭행금지 같은 일부 사항과 건강보험을 적용하기 시작했어요. 어떤 권리도 저절로 인정받은 것은 없어요. 지금 누리고 있는 권리 하나하나는 모두, 부당함을 느낀 이주자가 사회를 향해 고발하고, 소송으로 문제를 제기하고, 한국인과 연대해서 함께 싸워 얻은 것들이에요.

1995년, 산업기술연수생이 투쟁해서 얻은 '건강보험에 가입할 권리'가 지금 잘 지켜지고 있는지 한번 살펴볼까요? 지금은 모든 이주노동자가 의무적으로 건강보험에 가입해야 해요. 하지만 진료비가 비싸서, 일하느라 병원 갈 시간이 없어서, 의료진과 의사소통이 어려워서, 어디서

진료받을지 몰라서 아파도 병원에 못 가는 이들이 많아요. 비싼 보험료를 내면서도 병원 이용을 제대로 못 하고 있는 것이죠. 이주노동자의 건강권은 건강보험에 가입하는 것만으로는 지켜지지 않아요. 적절한 시간 일하고 휴식시간과 휴일을 보장받아야 하고, 아플 때는 병원에 갈 수 있어야 하고, 의료진과 의사소통을 할 수 있도록 통역과 번역을 지원받아야 하고, 질병과 병원에 대한 정보를 자신이 알아들을 수 있는 언어와 문자로 제공받아야 하죠. 이것은 우리 사회가 이주노동자에게 당연히 보장해야 할 권리입니다.

외국인에게 참정권이 있을까요? 우리 사회에서 외국인 참정권에 대해 논의하기 시작한 것은 1990년대였어요. 그 즈음 우리 정부가 일본에 '재일 한국인의 참정권'을 요구하면서 상호주의 원칙에 따라 우리나라에 살고 있는 외국인에게도 참정권 일부를 인정한 것이죠. 2005년부터 우리 사회에 거주하는 외국인 중에 영주 자격을 3년 이상 가지고 있는 19세 이상인 사람은 지방선거에 참여해 지역 대표자를 뽑을 수 있어요. 대통령이나 국회의원을 선출하는 선거에는 참여하지 못하지만, 도지사나 시장, 군수 같은 지방자치단체의 장과 지방의회 의원을 뽑는 데 참여할 수 있어요.

외국인의 인권을 보장하고 사회보장 제도와 정치에 참여할 권리를 인정하는 것은 매우 중요해요. 서로 차별하는 사회는 분열되기 쉬워요. 구성원 모두에게 평등하게 권리를 보장하면 사회가 통합되는 데 큰 도움이 되지요. 외국인과 권리를 함께 누리는 것은 나의 권리를 빼앗기는 것이 아니라, 모든 사람의 권리를 더 확장해서 평등한 세상을 만드는 것입니다. 세상이 더 평등해지면 우리는 더욱 행복해집니다.

이주노동자가 우리 일자리를 빼앗으러 왔대요

"사업장 이동의 자유가 없는 것은 외국인 노동자와 중소기업의 요구가 정면으로 충돌하는 부분입니다. 외국인 노동자와 노동운동 단체는 이동의 자유를 제한한 것을 철폐해야 한다고 주장합니다. 반면 중소기업은 오히려 이동의 자유를 더 막아야 한다고 설파합니다. 중소기업이 외국인 노동자를 쓰는 가장 큰 이유는 임금이 아니라 내국인 노동자가 기피하기 때문입니다. 특히, 지방에 있는 중소 제조기업은 대도시와 동떨어진 산업단지에 위치합니다. 이 중 3D(더럽고, 위험하고, 어려운) 업종으로 불리는 이른바 '뿌리산업'에 속한 기업은 우리나라 노동자가 기피하는 일자리입니다. 3D이기 때문에 기피하는 데, 지방에서도 외곽에 있으니 더욱더 일할 사람을 찾기가 어렵습니다. … 이런 이유로 외국인 노동자를 쓰는데 이들이 일터를 자유롭게 옮기게 되면 당초 외국인 노동자를 쓰는 목적 자체가 무의미해집니다."

위 글은 '외국인 노동자에 대해서 우리가 최소한은 알아야할 것들'이라는 제목의 언론 기사(〈매일경제〉, 이덕주 기자) 중 일부예요. 기사를 보면 우리나라 기업이 이주노동자를 고용하는 이유가 '인력 부족' 때문이라는 것을 잘 알 수 있어요. 기업은 임금과 복지 수준을 높이고 노동환경을 개선해서 일하고 싶은 회사를 만들려는 노력은 별로 하지 않고, 나쁜 환경에서도 묵묵히 일할 이주노동자를 더 보내달라고 합니다. 또 그 이주노동자가 더 나은 일자리로 옮겨가는 것을 막아달라고 요구합니다. 기업과 정부가 이주노동자를 초대하는 것은 좋으나 나쁜 일자리, 즉 노동법을 적용하지 않는 기업, 춥고 덥고 더럽고 냄새나고 임금이 낮은 일자리를 이주노동자로 채우려 드는 것은 문제입니다. 더구나 이주노동자가 회사를 떠나지 못하도록 권리를 박탈한 것은 더 큰 문제고요. 만약 내국인노동자를 이와 같이 대우했다면 단박에 '내가 노예냐'고 반발했을 거예요.

한 회사가 있어요. 이 회사의 노동자 50명은 대부분 노동조합에 참여하고 있어요. 회사가 이주노동자 10명을 고용할 때 노동조합이 반대했지만, 회사는 누구를 고용할지는 경영자의 권한이라고 주장했어요. 회사는 이주노동자에게 최저임금을 적용해서 같은 일을 하는 내국인노동자보다 낮은 임금을 줬어요. 정부는 임금과 처우에 불만이 있는 이주노동자가 다른 회사로 옮겨가지 못하게 막아서 기업이 안정적으로 인력을 확보할 수 있도록 도와줬어요. 조합원들은 이주노동자와 의사소통도 어렵거니와 이질감이 느껴져 동료로 여기지 않았어요. 노동조합에 가입하라는 권유도 하지 않았죠. 그러던 중 노동조합은 노동조건을 향상하기 위해 회사와 단체협상을 했어요. 회사가 협상에 성실히 임하지 않자 노동조합은 파업을 결정합니다. 회사는 파업기간 동안 생산량을 유지하기 위해 조합원이 아닌 이주노동자에게 밤낮으로 일을 시켰어요. 노동조합의 파업은 회사에 큰 타격을 주지 못해 결국 노동조건을 개선하지 못합니다. 더 나아가 회사는 이주노동자 수를 더 늘려 노동조합을 견제하려 합니다. 조합원들은 이주노동자가 일자리를 빼앗았다고 분노했어요.

여기서 몇 가지 질문을 해볼 수 있어요.

첫째, 이주노동자는 누가 고용한 것인가요?

둘째, 이주노동자에게 내국인보다 낮은 임금을 주거나 회사를 옮길 권리를 박탈한 점에 대해 노동조합은 어떤 입장을 취해야 했을까요?

셋째, 노동조합이 이주노동자를 조합원으로 받아들여 노동조건 향상을 위해 같이 노력했더라면 어떤 결과를 얻을 수 있었을까요?

넷째, 누가 조합원의 일자리를 빼앗았나요?

고용허가제는, 이주노동자를 고용하려는 고용주에게 우선 내국인을 상대로 구인 광고를 내도록 요구해요. 그럼에도 내국인노동자를 구하지 못하는 경우 이주노동자를 고용할 자격을 줍니다. 그러니 고용허가제 노동자는 내국인이 가지 않는 일자리에 배치되는 것이죠. 이런 상황을 제대로 살펴보면 이주노동자가 내 일자리를 빼앗는다는 주장이 합당하지 않다는 것을 알 수 있어요. 이주노동자는 무언가 빼앗으러 온 사람이 아니라, 자기 삶을 열심히 살아가는 진취적인 사람입니다. 이주노동자를 맞이한 사회는 무엇보다 차별하지 말아야 하고, 이주노동자가 행복한 삶을 영위할 수 있도록 지원해야 해요.

이주노동자는 언제까지나 정해진 일자리에서만 일해야 할까요? 고용허가제는 이주노동자의 인권보다 기업의 노동력 확보를 더 중요하게 여겨 노동자가 일자리를 옮기지 못하게 막고 있는데, 이에 대한 국제사회의 기준은 무엇일까요? '모든 이주노동자와 그 가족의 권리에 관한 국제협약'을 살펴봅시다. 이 협약은 유엔이 이주노동자와 가족을 보호하기 위해 1990년에 채택한 협약으로, 우리나라는 아직 가입하지 않았어요. 국내에서 효력이 없는데도 협약 내용을 살피는 이유는, 국제 기준과 우리 상황을 비교해보기 위해서예요. 협약 제52조는 이주노동자가 2년간 정해진 자리에서 일하면, 그 후에는 '내국인을 우선 고용하는 일자리'를 제외한 일반적인 일자리를 선택할 수 있도록 해야 한다고 말하고 있어요. 또 5년이 지난 후에는 어떤 제한도 하지 말아야 하고, 성실하게 일한 노동자에게 자영업도 할 수 있도록 제도를 마련하라고 말하고 있죠.

고용허가제 노동자였던 사말 씨는 4년 10개월 일하는 동안

한 번도 회사를 옮기지 않아 성실근로자로 인정받았어요. 성실근로자는 4년 10개월을 추가로 더 계약할 수 있어서 모두 10년을 같은 회사에서 일했어요. 그 후 기술을 인정받고 체류자격(비자)을 바꿔서 3년간 더 일했어요. 비자를 바꾼 이유는 가족을 초청해서 같이 지내고 싶기 때문이었어요. 가족과 함께 한국을 경험한다면 두고두고 좋은 추억이 될 거라고 생각했죠. 그런데 막상 가족이 와서 같이 생활하자니 생활비가 너무 많이 들어 걱정이었어요. 다니던 회사에서는 13년을 일해도 최저임금을 줄 뿐이었어요.

우리나라 기업에서 13년간 일한다면 사원-대리-과장을 거쳐 차장이나 부장직을 수행할 정도의 경력이죠.

기술이 뛰어났던 사말 씨는 다른 회사에서 기술자로 오라고 했지만 갈 수 없었어요. 한국 정부는 회사를 옮기면 비자를 취소한다고 으름장을 놓았고, 그것을 이미 알고 있던 사장은 웃으며 갈 테면 한번 가보라고 말했어요. 결국 가족과 함께 한국에서 지내는 것은 무리라고 판단한 사말 씨는 슬픈 마음으로 모든 것을 정리하고 고향으로 돌아갔어요.

국제기준에 따르면 사말 씨는 처음 계약한 회사에서 2년간 일한 후 더 좋은 조건을 제시하는 다른 회사와 계약할 수 있어야 해요. 또 5년이 지난 후에는 어떤 직종으로도 옮겨갈 수 있는 자격을 갖게 되고요. 하지만 우리 사회는 10년 넘게 일해도 여전히 최저임금 정도의 낮은 임금을 주고 있으며 회사도 옮기지 못하게 막고 있어요. 이처럼 이주노동자의 권리를 억눌러 몫을 빼앗는 행위를 어떻게 변명할 수 있을까요?

사말 씨가 이런 사정을 말하면 누군가는 이렇게 비판합니다ー"처음부터 다 알고 계약한 거 아닌가요? 부당하다고 생각하면 계약도 하지 말고 오지도 말았어야죠!".

사말 씨는 최저임금과 회사를 옮기지 못하는 나쁜 조건을 왜 거절하지 않고 그대로 계약했을까요? 고향에서 일자리를 찾지 못해 다른 나라로 가야 하는 이주노동자는 대부분 다급합니다. 수많은 지원자와 경쟁해야 하죠. 하나하나 따져가며 조건을 협상하자고 들 수 없는 처지입니다. 그리고 출신국에서 보기에는 한국의 최저임금이 상당히 많다고 느껴지기 때문에 그 금액에 대부분 만족한다고 해요. 한국에서 직접 살아봐야 물가에 비해서 얼마나 낮은 임금인지 비로소 알게 됩니다. 그것을 잘 알고 있는 정부와 기업은 최소한의 권리만 보장하는 선에서 조건을 제시해요. 이렇게 차근차근 짚어보면 이주노동자가 일자리를 빼앗는다는 주장은 사실이 아니죠. 오히려 나쁜 일자리를 말없이 감내하며 좋은 제품을 만들어 시민들이 싼 값에 물건을 살 수 있도록 돕고, 회사와 나라가 부를 쌓을 수 있도록 도와주고 있어요.

그렇다고 해서 이주노동을 마냥 장려하자는 것은 아닙니다. 누구라도 굳이 다른 나라로 일자리를 찾아가지 않고 행복한 삶을 누릴 수 있다면 더욱 좋겠지요. 그러자면 세계 경제가 더 평등해지도록 만들어야 해요. 부자 나라는 가난한 나라에 기술과 지식, 경험을 전하고 가난한 나라가 가진 자원과 노동력을 이용할 때는 공정한 대가를 지불해야 합니다. 가난한 나라는 정치를 안정시키고 경제 활동이 원활하도록 애써야 해요. 나라의 자원이 특정한 사람이 아니라 국민 전체를 위해 쓰일 수 있도록 좋은 제도를 만들고, 복지와 평등을 실현하기 위해 노력해야 합니다. 이런 노력을 게을리한다면 세계는 점점 더 불평등해지고 이주노동자는 생계를 잇기 위해 끊임없이 국경을 넘어야 해요.

이주노동자는 세금도 안 내면서 우리가 낸 세금을 축낸다고요?

한 정치인이 "외국인 노동자는 세금을 내지 않고 우리나라에 기여한 바가 없다"고 발언해 논란이 일어난 것은 2019년이었어요. 시민들은 유명하고 책임 있는 정치인이 한 말이니 사실일 것이라고 생각했지만, 놀랍게도 이 말은 거짓이었죠. 국세청은 2018년 연말정산을 신고한 이주노동자가 57만여 명이고, 이들이 낸 근로소득세는 약 7836억 원이라고 발표했어요. 여기에 종합소득세 약 3793억 원을 합치면, 이주자가 낸 세금은 모두 1조 원이 넘죠. 이것은 직접 납부한 세금이니, 물건 값에 포함해 징수하는 간접세까지 계산하면 이주자가 납부한 세금은 훨씬 더 많아집니다. 그것을 모를 리 없는 이 정치인은 왜 거짓 정보를 퍼뜨렸을까요? 이주자를 싫어하는 이들을 곁으로 모아 자기 힘을 키우기 위해 일부러 한 행위라 볼 수 있어요. 세상에는 이렇게 자기 이익을 위해 약자에 대한 거짓 정보와 혐오를 유포하는 이들이 상당히 많아요. 그런 거짓 정보에 휘둘리지 않고 무엇이 사실인지 구분할 줄 아는 힘을 키우는 것은 민주시민으로 살아가기 위해 갖춰야 할 중요한 덕목이죠.

그렇다면 외국인 '건강보험 먹튀 논란'은 사실일까요? 외국인들이 낸 건강보험료보다 한국에서 받은 의료 혜택이 더 커서 그 차액을 우리 국민들이 보전해주고 있다는 주장을 인터넷에서 흔히 만날 수 있어요. 그 밑에는 외국인을 욕하고 혐오하는 글이 줄줄이 달리곤 합니다. 그러나 이 내용이 사실인지 확인하다 보면 깜짝 놀랄 진실을 만나게 됩니다.

우리나라 건강보험은 직장보험과 지역보험 두 가지로 나뉘어있어요. 직장에 다니는 사람은 직장을 통해 보험에 가입하고, 직장에 다니지 않는 사람은 주소지에 따라 지역보험공단에 직접 가입하는 방식이죠. 직장보험과 지역보험 재정은 하나로 합쳐집니다. 2017년, 외국인 지역가입자의 보험료와 그에 따른 의료 혜택을 계산하면 2051억 원 적자인 것이 맞아요. 5년간 적자는 7천억 원에 달하고요. 그렇다면 위 주장이 사실인가 봐요! 하지만 놀라운 반전이 있어요. 2017년, 국민건강보험 외국인 전체 가입자의 재정 수지(정부 예산에서 세입과 세출을 이르는 말)는 2490억 원 흑자였어요. 2017년을 기준으로 지난 5년간 지역보험과 직장보험을 합친 재정 수지는 1조 1천억 원 흑자였고요. 외국인 직장보험 가입자들은 대부분 청년이라서 병원을 이용하는 일이 적기 때문에 직장보험 가입자와 지역보험 가입자를 합쳐서 계산하면 상당히 큰 흑자를 기록하는 것이지요. 물론 그 돈은 모두 내국인의 건강을 돌보는 데 쓰이고 있어요. 이런 사실에도 불구하고 일부러 오해할 만한 내용만 골라 전파해서 외국인에 대한 혐오를 확산시키는 것은 큰 잘못입니다.

이주노동자는 번 돈을 다 자기 나라로 보낸다는데요?

돈 벌어서 가족에게 더 나은 삶을 선사하고 싶다는 것

은 모든 이주노동자의 소망이죠. 그래서 이주노동자들은 누구보다 열심히 일하고, 돈을 모아 가족에게 보내고 싶어 해요. 그러나 자신도 먹고사는 데 돈을 써야 하니 원하는 만큼 송금하기 어려워요. 특히 우리나라처럼 임금은 낮고 생활물가는 높은 나라에서 일하는 이들은 더 고통스럽죠. 전 세계 133개 도시에서 빵, 커피, 미용 등 생활에 필요한 기본적인 비용을 측정해서 물가를 비교한 2019년 조사에 의하면, 서울은 세계 주요도시 중 일곱 번째로 생활비가 비싼 도시라고 해요.

2017년, 경기도의 한 도시에 거주하는 이주노동자들은 평균 187만 원을 벌어서 60만 원을 생활비로 썼고, 74만 원을 가족에게 송금했다고 해요. 이를 혼자 사는 내국인 노동자가 평균 201만 원을 벌고 175만 원을 생활비로 썼다는 2016년 자료와 비교해보면, 이주노동자가 가족에게 송금하기 위해 얼마나 허리띠를 졸라맸는지 잘 알 수 있어요. 이런 자료가 발표되면 어떤 이들은 이주노동자가 번 돈을 다 자기 나라에 보내고 한국에서는 돈을 쓰지 않아서 경제에 나쁜 영향을 끼친다고 비난해요. 그런데 이는 이주노동자가 우리 사회·경제에 얼마나 크게 기여하는지 잘 모르고 하는 이야기예요. 이민정책연구원의 자료에 의하면, 2016년 이주노동자가 일으킨 경제적 효과는, 생산 효과 54조 6천억 원과 소비지출 효과 19조 5천억 원을 합쳐 모두 74조 1천억 원이라고 해요. 이주노동자는 생산자인 동시에 소비자로 우리 경제에 무척 큰 역할을 하고 있는 것이죠.

또 이주노동자가 가족에게 송금하면 외화가 유출된다고 비난하기도 해요. 해외송금을 하면 당연히 달러가 외국으로 빠져나가게 되지만, 우리나라의 외환 보유고는 상당한 규모여서 이주노동자가 송금하는 것으로 그다지 영향을 받지 않아요. 오히려 이주노동자는 자신이 번 돈을 가족에게 송금할 권리가 있어요. 우리 사회는 이주노동자가 저축과 송금을 편안하게 할 수 있도록 도울 책임이 있고요. 이주노동자가 은행에 계좌를 만들어 번 돈을 저축하고, 저렴한 송금 수수료로 빠르고 안전하게 송금할 수 있도록 협조해야 합니다. 한편 송출국은 이주노동자의 송금이 나라를 위해 기여할 수 있도록 노력해야 할 책임이 있어요. 돈이 허투루 쓰이지 않고 사회 발전을 도모하고 일자리를 만드는 데 쓰여 이주노동자의 고생이 헛되지 않도록 해야 합니다.

외국인 때문에
범죄가 늘었다고요?

외국인을 무조건 두려워하는 이들이 있어요. '외국인은 곧 범죄자'라는 인식을 가지고 있는 이들도 상당하고요. 이것은 외국인 범죄자가 나오는 영화, 외국인 범죄를 전하는 뉴스를 통해 확산되고 굳어진 인식인 듯해요. 외국인이 정말 범죄를 많이 저지르는지 한번 살펴볼까요?

형사정책연구원이 발간한 자료에 의하면 내국인의 범죄율이 외국인보다 2배 이상 높다고 해요. 강력 범죄 중 일부 항목은 외국인이 높아 보이는 것이 사실인데, 그것은 외국인의 인구 구성 때문에 나타나는 착시 효과라고 합니다. 우리나라에 살고 있는 외국인은 20~40대 비율이 높고 남성이 많다는 특징이 있어요. 또 강력 범죄 자료를 분석해보면 20~40대가 범죄를 저지르는 비율이 높고 여성에 비해 남성이 많다는 것을 확인할 수 있어요. 나이와 성별이라는 요인을 감안하여 범죄율 통계를 분석하면 외국인이 더 강력 범죄를 저지른다고 말하기 어려워요. 검증되지 않은 가짜 뉴스와 과도하게 부풀려진 정보가 소셜 미디어를 통해 퍼지고 이주민을 혐오하는 사람들이 그것을 이용하면서 다시 확산되는 악순환이 이어지고 있어요.

"여기는 조선족들만 사는데 여권 없는 중국인도 많아서 밤에 칼부림도 자주 나요. 경찰도 잘 안 들어와요. 웬만하면 밤에 다니지 마세요"- 영화 〈청년경찰〉에서 택시 기사가 '서울특별시 영등포구 대림동'을 가리켜 한 말이에요. 우리 사회에 외국인이 늘어나면서 특정 지역에 모여 사는 일이 생기고 있는데, 대림동에는 중국 동포가 많이 살고 있어요. 〈청년경찰〉은 그런 대림동을 무대로 영화를 촬영하고 실제 영화에서도 대림동이라는 지역 명칭을 그대로 사용했어요.

이 영화를 보고 대림동에 사는 주민들은 불편해 했고 특히 중국 동포들은 크게 분노했죠. 영화를 본 청소년들이 이주 배경이 있는 친구에게 "네 엄마도 다 범죄자냐" 하고 마음을

할퀴는 말을 하기도 했대요. 도저히 참을 수 없게 된 중국 동포들은 영화사에 사과와 함께 다시는 같은 일이 일어나지 않도록 약속해달라고 요구했어요. 하지만 영화사는 '표현의 자

"네 엄마도
다
범죄자냐?"

유'를 내세워 받아들이지 않았죠. 급기야 피해당한 이들 60명이 모여 원고인단을 꾸리고 영화사를 상대로 손해배상으로 1억 원을 지급하라는 소송을 제기합니다. 애초 사과를 받고 싶은 것이었지만, 사과만을 요구하는 소송은 제기할 수 없기 때문에 손해배상 소송이라는 형식을 취한 것이죠. 1심에서 패했던 원고들은 2심에서는 의미 있는 결과를 받아냈어요. 이 소송의 의미를 잘 이해한 2심 재판부는 지혜로운 판결을 내렸어요. 손해배상은 포기하게 하는 대신, 의도하지 않았더라도 원고에게 상처를 준 피고에게 공식적으로 사과하고 재발 방지를 약속하라고 화해·조정을 권고했어요. 영화사도 그런 취지를 이해하고 법원의 결정을 받아들여 사과하고, 앞으로 영화를 제작할 때 이와 같은 일이 다시 일어나지 않도록 살피겠다고 약속했어요.

창작물에 특정 집단을 부정적으로 묘사하거나 혐오하는 내용을 담은 일에 대해서 책임을 인정한 것은 이 판결이 처음이었어요. 이 판결을 통해, 영화나 드라마, 개그 프로그램 같은 창작물에 이주자, 동포, 성 소수자, 특정 종교인 등 소수자를 조롱하거나 혐오하는 내용이 담기면 당사자들이 문제를 제기할 수 있다는 것을 알게 됐어요. 창작물을 제작하는 이들도 미리 세심하게 검토해야 한다는 것을 알게 된 계기가 되었죠. 많은 이들이 고통을 겪었지만, 이 일로 인해 우리 사회는 한 뼘씩 더 성장했어요.

그렇다면 외국인 밀집 지역에서 범죄가 많이 일어난다는 주장은 사실일까요? 물론 이 또한 사실이 아닙니다. 외국인 밀집 지역의 범죄와 치안 실태를 연구한 결과에 따르면, 이 지역에서도 외국인보다 내국인의 범죄율이 더 높다고 해요. 그러니 외국인이 범죄의 온상이라는 주장은 사실이 아닙니다.

공존과 연대가
필요하다

4

함께 사회를 이루는 동료 시민, 이주민

〈멕시코인이 사라진 날〉이라는 영화가 있어요. 미국 캘리포니아에서 멕시코 사람들이 사라지자 도시는 순식간에 아수라장이 되고 말아요. 음식점은 엉망이 되고 멕시코와 미국 국경에서 밀입국을 단속하던 경비대원들은 일자리를 잃죠. 우리도 같은 상상을 해볼까요? 제목은 '이주노동자가 사라진 날'로 합시다. 아마 우리 사회도 캘리포니아 못지않겠죠? 식사하기 위해 찾아간 음식점은 음식을 조리하고 설거지할 사람이 없어 문을 닫을 테고, 핸드폰 케이스를 만들고 조립할 사람이 없어 돈이 있어도 핸드폰을 사지 못할 거예요. 새로 이사하기

로 한 아파트는 언제 다 지어질지 모르고, 배추를 수확하고 절
일 사람이 없어 김장을 못할지도 몰라요. 우리 밥상에서 생선
과 채소와 고기가 사라질지도 몰라요. 이주노동자는 우리 사
회 곳곳에서 일하며 사회가 잘 운영되도록 훌륭한 역할을 하
고 있어요. 하지만 안타깝게도 그것을 알아주는 이들은 별로
없답니다.

우리 사회가 지금 이주노동자를 고용하고 있지만, 아직 본격적으로 이주민을 받아들이고 있는 것은 아닙니다. 이주노동자는 체류기간이 3년 혹은 4년 10개월로 짧기 때문에 잠깐 일하고 갈 사람이니 같이 살기 위해 노력할 필요조차 없는 존재로 취급하고 있어요. 동포노동자들은 원하는 만큼 체류기간을 연장할 수 있고 앞으로 정주(일정한 곳에 자리를 잡고 사는 것)하게 될 가능성이 높지만, 문화가 비슷하고 한국어를 하는 이들이 많다는 이유로 그다지 관심 갖지 않아요. 앞으로 인구 부족 문제가 더 심각해지면 이주자에게 문을 열어 이민을 본격적으로 받아들일 것이라는 전망이 있어요. 그렇다면 다양한 정체성을 가진 구성원들과 조화를 이루어 살기 위해서 우리는 어떤 준비를 해야 할까요?

공존의 책임은 누구에게 있을까?

이주자들은 자신에게 익숙한 고국 문화와 생활양식, 한국에서 새로 접하는 문화와 생활양식을 스스로 연결하여 자신에게 맞는 방식으로 새롭게 창조하곤 해요. 어느 나라 어느 지역 출신인지, 어떤 종교를 가졌는지, 성별은 무엇이고, 어린 자녀가 함께 살고 있는지 등 각자 사정에 따라 창조하는 문화의 방식과 내용이 다 다르죠. 그러므로 이주자와 공존할 방법을 찾기 위해서는 한 사람 한 사람이 특별한 정체성을 가진 주체적인 사람이라는 점을 중요하게 봐야 해요. 우리는 '로마에 가면 로마법을 따르라'는 외국 속담에 꽤 친숙해요. 주변에서 이주자를 향해 한국의 법과 생활양식을 무조건 따라야 한다고 주장하면서 이 속담을 들먹이는 모습을 자주 보게 됩니다. 이것은 올바른 태도라고 할 수 없어요. 이주자가 한국의 관습을 존중할 필요가 있듯이, 우리 사회 또한 이주자의 관습과 생활양식을 존중해야 해요. 이주자의 문화를 이질적인 것, 소수만의 것, 질 낮은 것이라 여겨 존중하지 않는다면 우리 사회는 이주자와 평화롭게 공존하지 못할 거예요.

2020년, 우리 사회는 코로나19를 겪으며 큰 숙제를 발견했어요. 그동안 파묻혀있던 차별하는 마음, 차별적인 정책이 여지없이 드러났거든요. 코로나19가 막 확산되던 시기, 우리 사회는 누구에게 먼저 마스크를 팔 것인가 하는 문제로 갈등을 겪었어요. 정부와 대다수 시민들은 '한국인 먼저!'를 외쳤지요. 마스크 부족 현상이 일어나자, 정부는 국민에게만 '공적 마스크'를 팔았어요. 한국인이 아닌 사람들은 마스크를 사러 갔다가 이런 말을 들어야 했어요—"외국인한테는 안 팔아요".

바이러스도 무섭지만...

차별이 더 무섭습니다.

그 다음은 재난기본소득 논란이 일어났어요. 중앙정부와 지방자치단체가 '코로나19로 어려움을 겪는 국민의 생계를 돕고 소비를 촉진하기 위하여' 전 국민에게 재난기본소득을 지급하는데, 또 이주자에게는 주지 않았어요. 어떤 이들은 외국인은 세금을 안 내니까 재난기본소득을 주지 말아야 한다고 주장했지만, 외국인 역시 세금을 내고 있다는 것을 우리는 이미 다 알고 있죠. 이주자와 인권단체들은 서울시와 경기도의 이주자 배제가 차별이자 인권침해라고 국가인권위원회에 진정했어요. 국가인권위원회는 이에 대해 '합리적인 이유가 없는 차별'이라며 평등권을 침해한다고 밝혔어요. 서울시는 즉시 권고를 수용해서 이주자에게 재난기본소득을 지급했어요. 경기도는 1차 지급할 때는 수용하지 않았다가, 2차 때 이주자를 포함했어요. 바이러스는 국적을 가리지 않아요. 방역 정책에서 외국인을 배제하면 그 피해는 당연히 전체 구성원에게 미칠 것입니다.

학교에서도 같은 일이 일어났어요. 코로나19 방역을 위해 학생들이 집에서 온라인 학습을 하게 되자, 정부는 양육자의 부담을 덜어주기 위해 비대면 학습지원금을 초·중학생에게 지급했어요. 그런데 대한민국 국적이 없는 학생에게는 주지 않았어요. 그동안 같은 교실에 앉아 공부하던 학생들인데, 국적을 이유로 차별한 것이죠. 서울시 교육감은 '학생이 이에 대해 의문을 가질 때 우리는 무엇이라 설명해야 하느냐'고 물으며 배제와 차별은 비교육적인 행위라고 지적했어요. 큰 소란을 겪고 나서야 우리 사회는 깨달았어요.

차별을 겪고 자란 사람은 또 누군가를 차별하기 쉬워요. 이주자를 포용하고 평등한 관계를 유지하며 공존해야 할 책임은 이주자가 아니라 우리 사회에 있어요. 이주자를 포함한 모든 사람이 사회에서 환영받고 있다는 느낌을 가질 수 있도록, 또 대한민국이라는 공동체에 소속감을 느낄 수 있게끔 함께 노력해야 해요.

내가 인종차별을 했다고요?

'인종차별'이라는 말을 들으면 무엇이 떠오르나요? 미국 사회에서 일어나고 있는 흑인에 대한 차별이나 '흑인의 생명도 소중하다Black lives matter'는 운동이 생각날 수도 있고, 미국과 유럽 지역에서 코로나19로 인해 더 깊어진 '아시아인에 대한 차별'이 떠오를 수도 있겠어요. 인종차별에 대해 이야기하려면, 우선 '차별'에 대해서 알아야 해요. 차별은 성별, 인종, 국적, 지역, 학력, 외모, 재산 등 여러 가지 이유로 사람을 다르게 대하는 것을 말해요. 이러한 차별을 인종적으로 차이가 있는 이에게 가한다면 그것이 바로 인종차별입니다. 그러니 인종차별을 바로잡으려면, 인종차별만이 아니라 우리가 일상적으로 하는 모든 차별행위를 찾아보고 그 하나하나를 꾸준히 고쳐가야 해요.

일본인 중에는 우리나라와 한인에 대해 반대와 혐오감을 표하는 이들이 있어요. 이들은 재일 한인(조선적과 한국인)을 향해 혐오가 담긴 발언과 행위를 하는데, 이러한 정서와 행동을 '혐한嫌韓'이라고 합니다. 이들은 한인이 많은 거리와 주일 한국대사관 앞에서 시위와 집회를 하며 혐한 발언을 쏟아내고, 민족 학교(일본 등 해외에서 한인이 민족정신을 계승하기 위해 운영하는 학교)로 몰려가 학생들을 괴롭히기도 합니다. 이를 막기 위해 혐오에 반대하는 시민들도 모임을 꾸려 대응하고 있어요. 혐한 시위대를 둘러싸서 행진을 막은 적도 있을 만큼 많은 일본 시민들이 적극적으로 나섭니다. 이일하 감독의 영화 〈카운터스〉는 혐오에 반대하는 시민단체 카운터스의 활동을 기록한 다큐멘터리 영화예요. 이 영화에는 성 소수자 운동단체와 다른 소수민족 단체들도 연대해서 한인 차별에 맞서는 장면이 나옵니다. 이런 연대의 힘으로 일본 시민들은 혐오 발언 제지법(헤이트스피치hate speech 해소법)'을 만들었어요. 이 법은 특정 민족이나 특정 국적을 가진 사람들을 배척하는 차별적인 말과 행동, 증오 연설을 하지 말자는 내용을 담고 있어요. 주된 혐오 발언으로는 '네 나라로 돌아가라', '죽여라', '바다에 던져라' 등이 있어요. 오사카시, 가와사키시 등 한인이 많이 거주하는 지자체도 조례를 만들어 혐오 행위를 줄이기 위해 노력하고 있어요.

코로나19 이후 미국 사회에서는 아시아인에 대한 차별행위가 증가하고 있어요. 공공장소에서 아시아인, 특히 여성이 갑자기 공격당하는 일이 많아져 한국인을 비롯한 아시아인들은 경각심(정신을 차리고 주의 깊게 살펴어 경계하는 마음)을 높여가고 있어요. 이런 현상을 우리는 '인종주의'라고 해요. 아프리카계 미국인으로 책《인종토크》를 쓴 이제오마 올루오는 인종주의를 '인종 때문에 어떤 사람에게 갖는 편견으로, 특히 그 관점이 사회의 지배체제에 의해 강화된 것'이라고 말했어요. 실제 코로나19가 확산하던 시기 미국의 트럼프 대통령은 바이러스

가 중국에서 처음 발생했음을 강조하며 중국과 아시아에 대한 혐오를 조장했어요. 지구 시민 모두가 겪고 있는 끔찍한 고난을 자기 지지자 결집, 미국과 중국의 힘겨루기에 이용한 것이죠. 그 결과가 조용히 길을 걸어가는 아시아 여성에게 폭행을 가하는 것으로 나타나고 있어요. 이런 일들은 모두 먼 나라에서 일어나는 일이니, 나와 관계가 없다고 생각하나요? 그렇다면 우리 주변에서 일어나는 일에 대해 알아볼까요?

우리나라에서도 비슷한 일이 많아요. 일상 대화는 물론이요 방송에서까지 '똥남아'라는 표현을 들을 수 있고 중국, 중국 사람, 중국 동포에 대한 비하와 욕설이 인터넷에 가득해요. 외모가 구분되는 이주자들은 택시 승차를 거부당하고, 지하철에서 자리에 앉으면 옆자리 사람이 일어나 다른 데로 가 버리는 일을 경험해요. 다문화처럼 생겼다는 말, 냄새난다는 말, 더럽다는 말, 벌레에 비유하는 말, 네 나라로 가라는 말, 불법체류자라 지칭하는 것은 다 인종주의에서 비롯된 것이고, 인종주의를 강화하는 말이에요. 이렇게 사소한 말과 행동이 다 '인종주의'고 '인종차별'이라고? 인종주의는 누군가를 때리거나, 죽게 하거나, 노예로 만들어 굴종시키거나, 유대인 학살처럼 끔찍한 범죄를 말하는 거 아닌가요? 하고 놀랄 수도 있어요.

　인터넷 혹은 방송에서 이런 표현을 자주 만났다면 그것은 우리 사회가 그만큼 인종주의에 병들어있기 때문이에요. 인종차별적 행위는 그것을 행하는 개인이나 단체만의 문제가 아니라 그 행위를 용인하고 덮어주는 사회의 문제이기도 해요. 무엇이 차별인지도 모르는 사회, 알고도 고치려 노력하지 않는 사회는 구성원들을 점점 더 인종주의에 깊이 빠져들도록 방치하고 있는 거랍니다. 인종차별철폐위원회는 2018년 12월, 지난 6년간 대한민국이 유엔 인종차별철폐협약을 얼마나 이행했는지 심의한 결과와 권고 사항을 발표했어요. 위원회는 한국에 대해 '미디어, 인터넷과 소셜네트워크를 주시하여 인종적 우월성을 바탕으로 한 관념을 전파하거나 외국인에 대한 혐오를 선동하는 개인이나 단체'를 찾아 적절하게 처벌하라고 권고했어요. 인종혐오 발언에 대해 단호하게 대처할 것을 주문했고, 특히 정부의 공식 문서에 '불법체류이주민과 같은 경멸적 용어를 사용하면 이주민에 대한 부정적 시각과 차별을 악화시킨다'며 이 용어 사용을 삼가라고 했어요.

　2020년, 고등학교 3학년 학생들의 졸업사진 한 장이 우리 사회를 크게 일깨웠어요. 학생들은 유쾌한 춤을 추며 관을 운구해서 유명해진 가나의 상조회사 관짝소년단의 관짝춤Coffin Dance 모습을 패러디했어요. 가나에서는 장례를 치를 때 신나는 음악과 춤으로 고인이 가는 길을 즐겁게 해준다고 해요. 학생들 덕분에 먼 나라 가나의 장례풍습을 알게 되었으니 고마운 일이에요. 그러나 한 가지 큰 잘못이 있었어요. 학생들이 당사자들의 피부색을 재현하기 위해 얼굴을 까맣게 칠한 겁니다. 대다수 한국인은 '아주 재미난 분장인데!'하며 넘어갔지만, 그 뒤에는 아주 크고 아픈 역사가 숨어있거든요. 이 사진을 시작으로 우리 사회에서 블랙페이스blackface 논쟁이 시작됐어요.

블랙페이스는 흑인이 아닌 연기자가 흑인을 연기하기 위하여 피부색을 검게 칠하는 분장을 의미해요. 미국에서 남북전쟁 전후 '민스트럴쇼'가 인기를 끌었는데, 이 쇼는 백인들이 얼굴을 검게 칠하고 무대에 올라 춤과 음악, 연기로 흑인 노예 흉내를 내며 웃음을 유발하는 내용이었어요. 과장되고 우스운 행동으로 흑인들을 무식하고 게으른 겁쟁이로 표현하곤 했죠. 이런 방식과 내용은 다른 나라로 퍼져 나갔고 방송 프로그램이나 오페라로 확산되기도 했어요. 나중에 흑인이 직접 방송에 출연할 수 있게 된 뒤에도 흑인들은 백인 시청자들을 위해 멍청하고 웃긴 모습을 연기해야 했어요. 백인 시청자들은 이런 쇼를 보며 자연스럽게 '흑인은 열등하다'는 차별 의식을 키워갔고요. 이런 역사적 과정을 거치며 '블랙페이스는 그 자체가 흑인 차별'이 되었어요. 그런 이유로 백인을 흉내 내어 얼굴을 하얗게 칠하는 분장은 백인 비하가 아니지만, 흑인을 흉내 내어 검게 칠하는 것은 흑인 비하라는 것을 우리도 알아둬야 해요. 점차 흑인의 권리가 높아지며 블랙페이스가 줄어들고 있지만, 아직도 흑인들은 블랙페이스를 볼 때마다 노예제도를 비롯해 차별받은 아픔이 떠오른다고 해요.

물론 학생들은 흑인을 비하하려는 의도는 없었다고 밝혔어요. 우리 사회는 그 말을 믿고 있어요. 하지만 지구촌의 동료 시민인 흑인들이 겪은 비극적 역사를 모르고 있다는 것은 자랑할 일은 아니죠. '잘 몰랐기 때문에' 비슷한 일이 여러 차례 반복되었거든요. 1980년대 말, 우리나라에서는 방송 코미디 프로그램의 한 코너인 〈시커먼스〉가 인기였어요. 두 코미디언이 흑인 분장을 하고 우스운 몸짓을 해서 웃음을 주는 것이었죠. '흑인으로 분장을 하고 우스꽝스런 몸짓과 말로써 시청자의 눈과 귀를 인종주의로 마비시킨다', '다른 피부색을 가진 사람들의 존엄성을 박탈하는 결과를 초래한다'는 아픈 비판이 당시에도 있었지만, 그 목소리가 확산되지는 못했어요. 한창 인기 있던 이 프로그램은 1988년, 서울올림픽을 앞두고 급히 폐지되었는데, 그 이유는 우리나라를 찾는 외국인들이 보면 불편할 수 있다는 것이었어요. 방송사에서도 문제를 정확히 알고 있었다는 거죠. 반성 없이 폐지하는 바람에 우리 사회는 인종차별 행위에 대해 성찰할 기회를 잃고 말았고, 그 뒤로도 같은 일이 계속 반복됐어요.

2017년에 〈웃음을 찾는 사람들〉이라는 코미디 프로그램에서 코미디언 ㄱ이 흑인 분장을 선보였어요. 이 프로그램이 방송된 뒤 한 이주민 방송인이 인종차별적 행동이라고 문제를 제기했는데, 다른 방송인 ㄴ이 나서서 방어하며 "단순히 분장한 것으로 흑인 비하라고 몰아가는 것은 잘못이다. 영구, 맹구 캐릭터가 자폐아 비하고 '시커먼스' 역시 흑인 비하냐" 하며 항의합니다. '영구', '맹구'는 1980~1990년대 코미디 방송에 등장한 캐릭터로 지적장애인을 우습게 표현한 것이었어요. 당시에는 지금에 비해 인권 개념이 부족했으므로 문제를 크게 느끼고 말하는 이들이 없었지만, 요즘은 비슷한 캐릭터가 방송에 나오면 인권단체와 시청자들이 '장애를 개그 소재로 삼는 것은 인권침해'라고 비판하며 중단과 사과를 요구하곤 하죠. 지금 돌아보면 〈시커먼스〉도 명백히 흑인을 비하하는 것이었어요. 우리 사회 구성원 대부분이 인권과 차별에 대해 학습할 기회가 없었고, 무엇이 인종차별인지 알지 못했기 때문에 그냥 덮었던 거예요. 그렇게 쌓인 차별의 마음이 ㄱ과 ㄴ을 통해 다시 드러난 것입니다.

다시 사진 이야기로 돌아갑시다. 자신들을 패러디한 사진 때문에 일어난 논란을 알게 된 관짝소년단 대표가 '학생들의 졸업을 축하한다'고 소셜 미디어를 통해 인사를 보냈어요. 당사자가 언짢은 내색을 하지 않고 학생들을 포용해주니 우리 사회는 '거봐, 괜찮다잖아' 하면서 마음이 좀 편안해졌어요. 하지만 '당사자가 괜찮다고 했으니 인종차별이 아니다, 별것도 아닌데 괜한 호들갑이었다' 하는 주장에는 동의하기 어려워요. 설령 개인이 괜찮다 했더라도 흑인 사회 전체가 괜찮은 것은 절대 아닙니다. 블랙페이스로 인해 흑인 사회가 받은 깊은 상처는 한 개인이 괜찮다는 말로 덮을 수 있는 것이 아니기 때문이죠. 이 일을 계기로 우리 사회가 검은 피부색에 대해서, 아프리카인에 대해서 얼마나 차별하고 있는지 되돌아보았으면 좋겠어요.

한 걸음 더 들어가봅시다. 이 사진으로 인해 또 한 가지 심각한 일이 벌어집니다. 이 사진을 본 가나 출신 방송인 ㄷ이 자신의 소셜 미디어 계정에 '웃기지 않습니다! 저희 흑인들 입장에서 매우 불쾌한 행동입니다'라고 글을 올렸어요.

ㄷ을 비판하는 이들은 전에 ㄷ이 방송에서 서구인들이 아시아인을 조롱할 때 하는 '손으로 눈 찢기' 행동을 한 적이 있고, 소셜 미디어에 여성에 대한 성희롱 표현에 동참한 적이 있다는 것을 지적했어요. ㄷ이 그런 짓을 한 사람이니 인종차별

에 대해 말할 자격이 없다고 주장한 거죠. 또 ㄷ이 블랙페이스가 인종차별이라는 점을 교육을 통해 알리자고 제안하자 '감히 한국 교육을 비하했다', '너네 나라로 돌아가라'는 비난을 쏟아냈어요. 그런데 한번 생각해볼까요? ㄷ이 잘못한 일이 있다고 해서 ㄷ의 옳은 주장까지 다 묵살해도 되는 것일까요? 왜 우리는 ㄷ의 잘못은 잘못대로 비판하여 책임지도록 하고, ㄷ의 주장 중에 옳은 부분은 받아들이고자 하지 않았던 걸까요? 비판하는 이들이 ㄷ에게 한 행동은 인종차별에 해당하지 않나요? 이런 질문에 대해 깊게 생각해보고 더 나은 선택을 해나간다면 우리 사회가 한 발 한 발 인권과 평등을 향해 나아가게 될 것입니다.

문화다양성이 뭔데요?

　'솔가와 이란'의 노래 〈같이 살자〉를 들어본 적이 있나요? 재미난 가사에 다양한 생물이 나오죠. 노래는 개미, 지렁이, 고라니, 호랑이, 고래, 할매가 다 같이 느릿느릿 발걸음 맞춰 살자고 해요. 그리고 같이 산다는 것은 '날 덜어내고 너를 채우는 일'이고 '내 우주와 너의 우주가 만나는 일'이라고 노래

해요. 이게 다 무슨 말일까요?

개미 지렁이 고라니 호랑이 느릿느릿 발걸음 맞춰봐 같이

먹고 자고 마시고 싸고 필요한 모든 걸 가졌어 우리

바람과 물을 따라 여기에 모인 우리

볶아 먹고 비벼 먹고 무쳐 먹고 지져 먹고

방귀 뿡! 트림 꺽! 걱정 없이 같이 살자

두물머리 지렁이 강정의 고래들

밀양의 할매들 영덕의 대게도

방귀 뿡! 트림 꺽! 걱정 없이 같이 살자

같이 산다는 건, 날 덜어내고 너를 채우는 일

같이 산다는 건, 내 우주 너의 우주 만나는 일

이 짧은 노래에 생물다양성과 문화다양성이 다 들어있어요. 생물다양성! 문화다양성! 갑자기 어려운 말이 튀어나왔어요! 차근차근 알아봅시다. 생물다양성은 지구상의 생물이 더 이상 멸종당하지 않고 다양한 상태를 유지하도록 해야 한다는 의미가 담긴 말이에요. 인류는 살기 위해 어쩔 수 없이 생물자원을 이용하는데 그와 동시에 생물을 잘 지키고 보호해야 하는 책임이 있다는 말이죠. 문화다양성은 인류가 만들어낸 다

양한 문화를 소중하게 유지하고 후세에 잘 전달해야 하는 책임에 대한 이야기예요. 인류는 지구상에서 유일하게 문화를 창조하고 향유하는 생물이잖아요. 모든 개인과 나라, 민족 등 공동체는 자기 정체성에 따라 고유한 문화를 가졌어요. 그런데 큰 힘과 자본을 가진 나라와 민족, 기업이 작은 나라와 민족의 문화를 조금씩 갉아먹어서 결국 사라지게 만들어왔어요. 인류는 그것에 반성하며 작고 힘없는 문화를 지키자는 약속으로 '유네스코 문화다양성 협약'을 만들었어요. 물론 우리나라도 이 국제협약에 가입했어요.

국제협약에 가입한다는 것은 국제사회의 움직임에 발맞춰 같이 노력하고 협약의 내용을 책임지고 이행한다는 뜻입니다. 우리 정부는 협약대로 우리 안의 작고 힘없는 문화를 지키기 위해 문화다양성에 관한 법을 만들었어요.

우리나라 안에 있는 작고 힘없는 문화가 무엇일까요? 청소년 입장에서는 청소년 문화가 먼저 떠오르겠지요? 그렇지요, 청소년에 비해 힘이 있는 어른들은 청소년에게 기존 문화를 따르라 요구하거나, 청소년이 애써 일군 문화를 공부에 방해된다고 억제하기도 합니다. 문화다양성 개념으로 보면 청소년 문화는 당연히 소중하게 지켜져야 할 문화입니다. 청소년이 자기 문화를 지키고 주장할 수 있는 근거가 바로 문화다양성입니다.

또 작고 힘없는 문화를 찾아볼까요? 역사적으로 남성 문화에 비해 덜 존중받았던 여성 문화, 서울과 수도권 문화에 비해 촌스럽다 깔봄당했던 지방 문화, 대중예술과는 거리가 먼 무명예술인이 창조하는 비주류 예술, 비장애인 집단에 의해 거부당하고 그 존재조차 인정받지 못했던 장애인 문화, 공고한 선주민 집단에 눌려 무시당했던 이주민 문화 등을 예로 들 수 있어요. 문화는 사람이 만든 것이니 문화를 존중한다는 것은, 그 문화를 창조하고 유지하는 사람과 집단을 존중한다는 의미예요. 이를테면 청소년 문화를 존중한다는 것은 그 문화의 주인인 청소년을 존중한다는 것과 같은 의미라는 것이죠. 그런 점에서 문화다양성은 인권과 아주 많이 닮아있어요.

유럽에 폭염이 계속되자 영국 청소년들이 더위를 이기기 위해 기발한 아이디어를 냈어요. 우리처럼 교복 문화가 있는 영국 학교 남학생들은, 종일 긴 바지 교복을 입고 앉아 땀 흘리는 것이 힘들어지자 반바지를 허용해달라고 요청합니다. 학교가 받아주지 않자 이에 항의하는 의미로 단체로 치마 교복을 입고 등교했지요. 막상 치마를 입어보니 바지보다 훨씬 시원하고 편하다는 것을 알게 된 학생들은 아예 남학생에게도 치마 교복을 허용하라고 요구했어요. 성별을 나누지 않는 교복을 요구하는 운동에 학부모와 여학생도 찬성하는 목소리를 보탰어요. 이 일이 계기가 되어 영국 웨일스 교육부는 '성 중립 교복지침'을 마련했어요. 웨일스 교육부는 '남학생용, 여학생용'으로 의복을 나누는 것을 금지하고, 어떤 옷이 학생 개인의 성에 적합한지에 대한 구시대적 사고를 강요하지 말아야 한다면서, 성전환이나 성 정체성 혼란을 겪고 있는 학생들을 포용하는 것이 교복 정책의 목표라고 밝혔어요. 이에 평소 '성 중립 교복'을 지지해온 성 소수자 단체에서는 '중요한 것은 바지냐 치마냐가 아니라, 가장 편한 옷을 입도록 하는 일'이라고 화답했어요. 이런 움직임이 영국 전역으로 확산하고 있어서 많은 학교가 '성 중립 교복'을 채택하고 있어요.

이처럼 누군가의 문화다양성을 존중하기 위해서는 사회통념을 거슬러 사회적인 합의를 해야 하거나, 기존 제도를 바꿔야 할 때도 많아요. 영국 청소년들에게 박수를 보내며, 우리 청소년들도 틀을 깨는 새로운 궁리를 해보기를 응원합니다.

국가와 사회는 우리 사회를 구성하고 있는 모든 사람과 집단이 문화적 권리를 누리며 문화적 실천을 할 수 있도록 해야 할 의무가 있어요. 모든 시민을 포용하고 시민참여를 보장하는 문화 정책을 세워야 해요. 우리 정부는 2014년 문화다양성 법이 제정되었다고 발표하면서, 이 법이 '한국인과 이민자들과의 관계, 소득계층 간, 세대 간, 지역 간의 문화 차이', '노인, 장애인, 청소년, 여성 등 사회의 다양한 소수자 문화와 주류 문화', '농어촌과 도시 문화' 등, 우리 사회에 있는 다양한 문화갈등을 해소해 사회통합을 추구하는 데 튼튼한 기틀이 되기를 기대한다고 밝혔어요.

그런데 또 의문이 생깁니다. 문화와 사람·집단은 서로 달라 갈등과 충돌을 일으킬 수도 있는데, 어떻게 모든 문화와 사람·집단을 동시에 존중할 수 있을까요? 노래 〈같이 살자〉에 그 답이 들어있어요. 다양한 문화를 가진 인류는 더불어 살기 위해 '나를 덜어내고 너를 채우는' 노력을 해야 하죠. 우리 한 사람 한 사람은 모두 거대한 자기만의 우주를 가지고 있는데, '나의 우주와 너의 우주가 만나는 것'은 참으로 대단한 일입니다. 만나는 과정에서 서로 부딪혀 깨지고 다치지 않으려면 평화롭게 만나고 스며들 방법을 찾아야 하는데, 그 방법이라는 것이 사

실은 아주 작은 실천에서 시작합니다. 나를 덜어내는 것, 즉 나와 내 것만 주장하지 말고 주변 사람과 문화를 살피고 받아들이려는 노력, 바로 내 안에 너를 채우는 노력 말입니다.

이주자가 들어와 같이 살게 되면서, 우리 사회는 많은 것을 새롭게 경험합니다. 스위스의 작가이자 철학자인 막스 프리쉬는 작품을 통해 이런 말을 했어요-'우리는 노동자를 불렀는데 사람이 왔다'. 기계처럼 일만 해줄 이주노동자를 불렀는데, 이주노동자는 기계가 아니라 '사람'처럼 굴더라는 말이죠. 잠시 머물며 허락한 기간만 일하고 떠나는 것이 아니라, 자기 행복을 추구하고, 사랑하고, 가족을 구성하기도 하며 사회에 뿌리 내리고 사회를 변화시키는 역할을 하는 '사람' 말입니다.

우리 사회도 이주자를 맞아 사회 구성원이 다양해지면서 상당히 많은 변화가 있었어요. 대표적인 것 몇 가지만 찾아볼까요? 학교에서 행사할 때 국민의례를 합니다. 왼쪽 가슴에 손을 얹고 태극기를 향해 인사하며 '국기에 대한 맹세'를 낭송하지요-'나는 자랑스러운 태극기 앞에 자유롭고 정의로운 대한민국의 무궁한 영광을 위하여 충성을 다할 것을 굳게 다짐합니다'. 혹시 맹세의 내용이 2007년에 바뀐 것을 알고 있나요?

전에는 '나는 자랑스런 태극기 앞에 조국과 민족의 무궁한 영광을 위하여 몸과 마음을 바쳐 충성을 다할 것을 굳게 다짐합니다'였어요. 두 맹세를 살펴보면 '조국과 민족의 무궁한 영광'이 '자유롭고 정의로운 대한민국의 무궁한 영광'으로 바뀐 것이 보입니다. 왜 바뀌었을까요? 그것은 우리 사회의 구성원이 다양해지면서 각자 소속감을 느끼는 '조국과 민족' 또한 다양해졌기 때문입니다. 이제 '대한민국'이라는 나라의 구성원으로 서로 결속하고 화합하는 것이 보다 더 중요해졌습니다.

우리 사회의 의식이 변화하며 크레용 색깔 이름도 달라졌어요. 전에는 황인종 피부색과 비슷한 색깔 이름을 '살색'이라 표현했거든요. 그런데 2001년 시민들이, 세상에는 다양한 피부색이 있는데 특정 색깔만을 '살색'이라 표현하는 것은 인종차별이라고 국가인권위원회에 청원을 넣었어요. 국가인권위원회는 청원을 받아들여 크레용 회사에 살색을 연주황색으로 바꾸도록 권고했고, 후에 연주황은 너무 어려우니 쉬운 한글로 바꿔달라는 아동들의 진정을 받아들여 살구색으로 이름을 바꾸라고 다시 권고했죠.

크레용 색깔과 관련해서 또 새로운 변화가 일어나고 있어

요. 2021년, 외국의 한 크레용 회사는 '세계가 이전보다 더 다양해지면서 새로운 색채의 크레용이 필요해졌다'면서 다양한 인종의 피부색을 표현할 수 있는 24색 크레용 제품을 내놓았어요. 그동안 없던 피부색이 갑자기 새롭게 등장했기 때문이 아니라, 계속 같이 있었으나 지금까지는 그늘에 가려 존재를 인정받지 못했던 사람들이 차츰 모습을 드러내고 있기 때문이죠. 이 모든 것은 다양성과 인권이 만들어낸 힘이라 할 수 있어요.

다양성을 접하고 수용하는 과정이 즐겁고 순조롭기만 한 것은 아닙니다. '대구 주거 밀집 지역에 이슬람 사원 건립을 반대합니다'라는 글이 2021년 2월, 청와대 국민청원에 올라왔어요. 해당 지역 거리에는 '이슬람 사원 건립은 주민의 생존권과 행복추구권을 박살나게 한다'는 현수막이 걸렸고요. 청원과 현수막의 내용은 당시 한창 지어지고 있던 자그마한 이슬람 사원을 지목하고 있어요. 문제의 사원은 지난 6년간 그 자리에서 운영해왔는데, 공간이 비좁아지자 구청에서 허가를 받아 새롭게 건축 공사를 진행하고 있었어요. 마을 주민들이 신축 공사를 반대하는 민원을 냈고, 민원을 받은 구청은 한창 진행되던 공사를 중단하라고 명령을 내렸어요. 이슬람 사원과 시민단체들은 구청의 조치가 헌법이 보장하고 있는 종교의 자유, 보편적 인권, 문화적 다양성, 행정의 공정성 등에 어긋나는 처사라며, 철회하라고 촉구했어요. 또 구청이 내린 '공사 중지 행정 명령'을 취소해달라는 소송을 냈고, 법원은 '공사 중단으로 회복하기 어려운 손해가 발생할 우려가 있다'며 구청의 명령 집행을 정지하라고 결정합니다. 이주민, 이주민이 가져온 낯선 문화와 종교를 어떤 입장과 자세로 맞아야 할지 우리 사회는 많이 고민해야 하는 상황입니다.

유네스코가 제안한 내용을 포함해서 문화다양성을 증진할 수 있는 실천 활동을 소개할게요. 이 내용을 참고해서 친구들과 함께 문화다양성 실천 목록을 만들고 같이 시도해보는 것도 좋겠어요.

○ 다른 나라 음식 먹어보기

○ 다른 문화를 전시한 전시회나 박물관 가보기

○ 다른 종교에 관한 영화나 책 보기

○ 다른 문화의 음악을 듣거나 배워보기

○ 다른 언어 배워보기

○ 다른 문화의 놀이 즐겨보기

○ 다른 종교 기관을 방문하여 예배에 참여해보기

○ 문화가 다른 이들의 축제에 참여해보기

○ 다른 문화에서 기념하는 전통적인 기념일에 대해 배워보기
　라마단(이슬람교의 금식월), 베트남의 뗏(설날),
　미얀마의 띤잔(설날), 네팔의 다사인(추석)에 대해 알아보기

○ 문화가 다른 이웃들과 만나 교류하는
　'문화 간 대화'에 참여하기

○ 다른 문화 혹은 다른 종교를 가진 사람과 같이 식사하며
　관습 공유해보기

이주민에게 필요한 행정서비스

　　실화를 바탕으로 한 박찬욱 감독의 영화 〈믿거나 말거나, 찬드라의 경우〉를 보면, 네팔인 찬드라 씨가 한국어를 몰라 곤욕을 치르는 모습을 보게 됩니다. 찬드라 씨는 음식점에서 음식을 사 먹고 돈을 내려다, 주머니 속 돈이 사라진 것을

알게 됐어요. 음식점 주인에게 돈을 가져다주겠다고 말하지만 그 말을 알아듣지 못한 주인은 경찰에 신고해요. 경찰 또한 찬드라 씨의 말을 알아듣지 못하고 심신미약 행려자로 판단해 정신병원에 강제로 입원시킵니다. 병원에서 자신은 네팔 사람이니 네팔로 보내달라고 요청하지만 역시 그 말을 알아듣고 도와주는 이가 없었어요. 그렇게 6년 4개월간 병원에 갇혀있던 찬드라 씨는 일부 의사들의 도움으로 네팔인 공동체에 소식을 전했어요. 큰 고통을 겪은 찬드라 씨에게 위로를 전합니다. 그리고 우리 사회는 그런 일이 왜 일어났는지 잘 살펴보았으면 합니다.

찬드라 씨가 병원에 갇혀있다 풀려난 1994~2000년 즈음은 우리 사회가 이주자에게 정확한 정보와 그에 대한 통역과 번역을 제공하는 것이 얼마나 중요한 일인지 깨닫기 전입니다. 반대로 '한국에 오려면 한국어를 배워 와야지'하는 교만한 마음이 더 강했죠. 점차 시간이 지나고 이주자가 많아지면서, 이주자에게 한국어 학습 기회 제공과 통·번역을 지원하는 것이 얼마나 필요한 일인지 알게 되었죠. 이주자와 공존하기 위한 책임은 이주자가 아니라 우리 사회에 있는 것이니까요. 뒤늦게 깨달은 정부는 외국인주민 지원기관을 만들어 본격적인

지원에 나서게 됩니다.

만약 나 자신이 다른 나라로 이주한다면 어떤 지원이 필요한지 상상해볼까요? 우선 살 집을 구해야 하고, 집 가까이 식료품과 생필품을 파는 가게가 어디인지 알아야 하고, 휴대전화 마련과 인터넷 가입, 그 나라 언어를 어디서 배워야 할지 학교에 대한 정보도 필요해요. 일자리도 구해야 하고, 아플 때 치료받을 병원이 어디에 있는지도 알아야 합니다. 병원에 가면 어디가 아픈지, 어떻게 치료할지에 대해 소통해야 하죠. 통역하며 안내해줄 안내자가 필요하겠지요? 그렇다면 우리 사회에 들어온 이주자에게도 정보와 안내, 도움이 필요하다는 이야기입니다.

코로나19를 막기 위한 방역 지침을 예로 들어보지요. 반드시 마스크를 써야 한다거나 사람 사이에 거리두기를 해야 한다는 정보, 식당에서 4명이 같이 식사하는 것은 괜찮지만 5명부터는 방역 지침에 어긋나므로 처벌받을 수도 있다는 내용을 이주자들은 정확히 알기 어려웠어요. 휴대전화에 쉴 없이 들어오는 한국어 안내 문자는 읽을 수 없으니 전혀 도움이 안 되었죠. 이주자에게 정확한 정보를 전달하려면 지금보다 더 세

심해야 합니다. 그렇다고 너무 걱정할 필요는 없어요. 지금까지 부족했던 점을 잘 찾아내서 찬찬히 정리하고 하나씩 바꿔가면 됩니다. 이주자에게 친절한 사회를 만들면 모든 이가 살기 좋은 사회가 됩니다.

지구 공동체의 노력

안전하고 질서 있고 정규적인 이주를 위한 글로벌컴팩트
Global Compact for Migration(GCM, 이주 글로벌컴팩트)

이주는 인간의 역사와 함께해왔어요. 끊임없이 이동해서 인간이 지구 곳곳에 자리 잡게 되었으니, 이주가 인간의 역사를 만들었다고 해도 과언이 아니죠. 그런데 이주하려는 인간의 오랜 욕망과 국경을 관리하겠다는 국가의 의지가 곳곳에서 충돌하고 있어요. 세계 모든 나라는 이주로 인해 발생하는 문제를 해결하고자 노력하고 있지만 쉽지 않은 상황이죠. 이주는 송출국, 이주노동자가 이동하느라 거쳐가는 경유국, 일하는 취업국 사이의 이해관계가 복잡하게 얽혀있어서 국제사회가 합의를 이루기 매우 어려운 일이에요. 유엔이 1990년에 채택한 '모든 이주노동자와 그 가족의 권리에 관한 국제협약(이주노동자협약)'은 지금까지 56개 나라만 비준해서 실질적인 힘을 갖지 못하고 있어요. 56개 나라는 대개 송출국이고, 취업국들은 계속 모른 척하고 있거든요. 이주노동자들은 국경을 넘는 과정에서 밀입국과 인신매매라는 극단적인 위험을 만나기도 하고, 차별과 폭력에 노출되며, 미등록(비정규) 상태가 되기도 하는 등 여러 어려움을 겪고 있어요.

지금까지 인류사회는 국제사회가 같이 합의하고 책임을 나누기 위해 '선언'이나 '국제협약'과 같은 방식을 활용해왔어요. 선언 중에 가장 대표적인 것이 '세계인권선언'이죠. 세계인권선언은 국제 관습법으로 이미 자리 잡은 내용을 주로 담고 있으므로 모두가 당연히 지켜야 한다고 인정하고 있지만, 어떤 선언은 상징적인 가치만 있을 뿐 누구에게도 책임을 요구하지 않기도 해요. 한편 국제협약은 무척 강한 약속이어서 가입한 나라는 반드시 그 내용을 지켜야 한다는 특징이 있어요. 유엔은 국제협약을 비준한 나라가 협약 사항을 이행했는지 감시하고 평가해서 권고를 내놓아요. 권고를 받은 나라는 권고 사항을 이행했는지 또 보고해야 하죠. 이처럼 무거운 책임을 피하려고 아예 비준조차 하지 않으려 들기도 해요. 그래서 '글로벌컴팩트'라는 새로운 방식을 활용하기 시작했어요.

글로벌컴팩트는 각 나라가 자발적으로 참여하고 실천하기로 약속하는 방식이죠. 글로벌컴팩트 자체는 법적 구속력이 없지만 '세계인권선언'과 '시민적 및 정치적 권리에 관한 국제협약', '사회적 및 문화적 권리에 관한 국제협약'을 비롯한 여러 인권 관련 협약에 근거를 두고 있는 부분은 법적인 힘이 있다고 보고 있어요. 글로벌컴팩트는 이행을 촉구하거나 심사하는 절차가 없으므로 각 나라가 스스로 약속을 지키고자 하는 의지를 강하게 가져야 하죠. 그래서 각 나라 정부가 의지를 갖고 약속을 지키도록 촉구하고 감시하는 시민사회의 노력이 반드시 필요해요.

2018년 12월, 모로코 마라케시에서 열린 회의에 참여한 164개 나라는 '안전하고 질서 있고 정규적인 이주를 위한 글로벌컴팩트(이주 글로벌컴팩트)'를 채택하고 4년에 한 번씩 유엔에서 모여 의논하기로 약속했어요.

참여 나라들은 이주 글로벌컴팩트를 통해 '이주'가 지구 공동체를 분열시키는 것이 아니라 통합하는 데 도움이 되도록 하자고, 또 이주가 모두에게 이익이 되도록 하자고 약속했죠. 참여 나라들은 각자 쌓은 경험과 지식, 시행착오를 공유하고 치열한 토론을 거쳐 23가지 목표에 합의하고, 목표를 이루기 위한 세부 조치를 정했어요. 자세한 내용은 본문 178쪽에서 볼 수 있어요.

에필로그

동정심이 아닌
연대감으로

이주노동자와
함께해요

흔히 '인심 좋은 한국인'이라는 말을 하지요. 어려움에 처한 이웃을 위해 십시일반 나누는 마음과 봉사하는 자세는 무척 아름답고 자랑할 만해요. 그러나 많은 경우 그 마음과 자세가 '인권' 혹은 '권리'와 만나는 순간, 쉽게 무너지는 것을 보게 됩니다. 누군가가 불쌍해서 돕는 것이 아니라, 그 사람 또한 한 사람의 인간으로서 존엄하며 인권을 보장받아야 한다는 것을 인정하고 같이 인권을 지키기 위해 연대하는 것은 쉬운 일이 아니죠. 한 회사에서 일하고 있는 이주노동자에게 친절하던 한국인 동료가, '한국인과 같은 일을 하니 같은 임금을 달라'는 이주노동자의 요구에는 불편해합니다. '여럿이 함께 무슨 일을 하거나 함께 책임지는 것'을 의미하는 '연대'는 나와 상대가 같은 사람이며 같은 입장이라는 평등한 관계에서 시작해요. 상대방을 가엾게 여겨 돕는 동정이나, 인심 좋게 은혜를 베푸는 것과는 다른 개념이죠. 이주자 또한 인권을 보장받을 권리가 있어요. 우리는 동료 시민으로서 연대해서 함께 모두의 인권을 달성하기 위해 노력해야 해요.

이주자가 많아지면서 우리 먹거리도 상당히 다양해졌어요. 거리에 인도, 태국, 베트남, 러시아 음식점 같은 다양한 음식을 파는 가게가 많이 생겨나서, 먼 나라를 방문하지 않아도 특별하고 맛있는 음식을 맛볼 수 있게 됐죠. 태국이나 미얀마에 가야만 볼 수 있던 물 축제도 한국에서 즐길 수 있어요. 태국의 송크란, 미얀마의 띤잔처럼 남아시아 나라들은 새해 명절을 맞아 물 축제를 해요. 정말 활기차고 멋진 축제죠. 물 축제 문화를 가진 이주자들은 한국에서도 해당 명절에 축제를 열어 이웃에게 근사한 경험을 안겨줍니다. 이주자가 많이 사는 지역에서는 크고 작은 불교 사원, 힌두교 사원, 이슬람 사원 등을 만날 수 있어요. 이처럼 다양한 음식, 축제, 종교를 가진 이웃을 만나고 교류할 수 있다면 우리 삶이 무척 풍요로워질 겁니다.

하지만 낯선 이웃, 낯선 문화를 만났을 때 환대하며 내 삶의 풍요로 연결할 수 있는 힘은 한순간에 저절로 생겨나지 않아요. 낯가림하는 아기가 자라면서 사회성을 키우려면 상당한 시간을 들여 훈련해야 하는 것처럼, 다른 사람과 문화를 만나고 수용하는 힘을 키우기 위해서도 차근차근 노력해야 하죠. 다른 이에게 관심 갖고 다가가 소통하며 관계 맺고자 하는 노력에 '연대'의 힘을 더한다면, 우리들은 모두 멋진 대한민국 국민이자 책임감 있는 세계시민이 될 수 있어요.

동정심이 아닌
연대감으로 이주노동자와
함께해요!
동료 시민으로 함께
연대하는 마음이
우리 삶을 더욱 풍요롭게 해요!

안전하고 질서 있고 정규적인 이주를 위한

글로벌컴팩트의 목표 23

이 내용은 '이주 글로벌컴팩트 대응 시민사회 회의'의 〈이주 글로벌컴팩트 가이드북〉을 쉽고 간단하게 정리한 것입니다.

01 정확한 통계와 근거를 바탕으로 정책을 세우기 위해 정보를 수집하고 활용한다

· 근거 없는 소문과 가짜 정보를 내세운 주장을 막기 위해서 믿을 만한 정보를 모으는 일을 가장 먼저 해야 한다.

· 정보를 모으는 과정에서 사생활과 개인정보를 보호한다.

· 성별·나이·체류자격·직업·생활 및 노동환경·임금·해외송금수수료 등 이주에 관한 상세한 정보를 통일된 기준에 맞춰 수집한다.

- 정보를 국가별로 분석·배포하여 국제이주에 관한 전 세계의 정보를 모으고 공유한다.
- 이주가 가져다주는 긍정적인 역할에 대한 내용도 포함한다.

02 사람들이 출신국을 떠날 수밖에 없게 만드는 요인을 최소한으로 줄인다

- 사람들이 출신국에서 평화로운 삶을 이어갈 수 있도록 한다.
- 사람들이 출신국을 떠나지 않고도 개인적 열망을 충족할 수 있는 환경을 만든다.
- 자연재해·환경오염과 기후변화 등 절박한 상황의 발생으로 인해, 혹은 빈곤과 식량부족을 겪는 사람들이 생계를 잇기 위해 '법과 제도의 보호를 벗어난 방법'으로 이주하지 않도록 할 것을 약속한다.

03 이주의 모든 단계에서 상황에 맞는 정확한 정보를 제공한다

- 취업국의 법률과 정책, 노동 및 거주 허가, 체류자격 변경 방법, 교육기회, 필요한 생활비와 생활 조건, 권리를 침해받았을 때 도움받을 기관 등에 관한 정보를 이주자가 이해할 수 있는 언어로 제공한다.
- 출국 전 교육을 통해 이주자가 안전하게 이주하도록 장려하고, 법이나 제도를 통하지 않은 비정규적이고 안전하지 않은 이주를 선택하지 않도록 정확한 정보를 제공한다.

04 모든 이주자가 신분증과 적절한 신분증명서류를 가지도록 보장한다

· 모든 사람에게 출생 즉시 등록될 권리와 국적을 가질 권리를 보장한다. 출신국은 이주자가 자녀에게 국적을 물려줄 수 있게 보장하여 누구도 무국적 상태에 놓이지 않도록 하고, 국적을 증명할 신분증을 가질 권리를 보장한다.

· 체류국은 이주아동이 출생등록을 할 수 있도록 하여 무국적자가 되지 않게 하고, 이주자가 신분을 등록하고 출생·결혼·사망 내용이 기록된 문서를 발급받을 권리를 보장한다.

05 법과 제도를 지키며 이주할 수 있도록 다양한 이주 제도를 만든다

· 법으로 이주자를 보호할 수 있도록 다양한 이주 제도를 마련한다.

· 이주자에게 양질의 일자리와 교육기회를 제공한다. 항상 아동에게 가장 유리한 방안을 찾아내고, 가족과 함께 생활할 수 있도록 제도를 마련한다.

· 이주자의 권리를 염두에 두고 성 평등한 이주 제도를 개발한다.

· 갑작스러운 자연재해와 기후변화로 인해 출신국을 떠날 수밖에 없는 이주민을 인도적으로 대우하여 입국을 허용하고 적절한 기간 동안 체류할 수 있도록 한다. 임시 노동허가를 제공하고, 아동은 교육받을 수

있도록 한다.

- 학생과 교원을 위한 장학금과 국제 연구, 유학 등 학문을 위한 이주 기회를 넓힌다.

06 공정하고 윤리적인 모집과 채용을 촉진하고 양질의 일자리를 보장한다

- 모든 이주노동자가 착취당하거나 학대받지 않도록 보호하기 위해, 현재 진행되고 있는 이주노동자 모집과 채용 구조가 올바른지 점검한다.
- 이주노동자에게 좋은 일자리를 보장한다.
- 이주노동자를 모집하는 공공기관이나 민간중개업체가 국제기준과 합리적인 방식을 따르도록 관리한다.
- 중개업체와 고용주가 이주노동자에게 채용 비용을 부과하는 것을 금지한다.
- 이주노동자가 근로계약서를 작성하고 직접 소지할 수 있도록 한다.
- 이주노동자의 권리와 의무, 취업국의 법률과 제도, 문제가 생겼을 때 구제 절차를 밟는 방법 등을 이주노동자가 이해할 수 있는 언어로 제공한다.
- 이주노동자가 쉽게 고용주를 변경하고, 체류조건과 체류기간을 변경할 수 있도록 공정한 채용 절차를 개발한다.
- 이주노동자가 자기 목소리를 내고, 노동조합에 가입해서 정당하고 유

리한 노동조건을 선택할 권리를 보장한다.

- 여성 이주노동자에게 일어날 수 있는 성폭력·젠더 기반 폭력을 포함한 모든 착취와 학대를 방지하고, 신고하고 권리구제를 받을 수 있도록 제도를 마련한다.
- 이주노동자가 출신국과 취업국 양쪽에서 사회·경제적으로 기여할 수 있도록 노력한다.

07 취약한 상태에 놓인 이주자의 인권을 보호한다

- 출신국, 경유국, 목적국에서 어려움을 겪는 이주노동자의 요청에 귀기울일 것을 약속한다-아동과 관련된 사안은 아동 최상의 이익을 고려하여 아동을 적극적으로 보호한다.

★ 성 인지적 정책: 성차별 개선을 위해 여성과 남성에게 미치는 영향을 고려하며, 특정 성에게 유리하거나 불리하지 않도록, 성 역할과 관련하여 고정관념이 개입되지 않도록 고려한 정책

★ 장애 인지적 정책: 장애인에 대한 차별 개선을 고려한 정책

★ 아동 친화적 정책: 아동에 대한 불평등과 차별을 없애고 모든 아동의 권리를 온전히 보장하고자 노력하는 정책

★ 영사 보호: 외국에 있는 자국 국민의 생명과 신체, 재산을 보호하기 위한 국가의 업무

★ 구금: 피고인 또는 피의자를 구치소나 교도소 따위에 가두어 신체의 자유를 구속하는 강제 처분

- 인권을 염두에 두고 성 인지적*·장애 인지적*·아동 친화적 정책*을 마련하여, 이주자가 취약한 상태에 놓이지 않도록 보장한다.
- 보호자가 없는 이주아동·가족과 분리된 아동·위험에 처한 여성·장애인·소수인종과 소수종교·인신매매 피해자·가사노동자 등 특히 취약한 상황에 놓인 이주자를 지원하고 인권을 보호한다.
- 사법 절차를 밟는 이주자에게 통역 및 번역을 제공한다.
- 이주자가 체류자격을 변경할 수 있도록 지원하고 권리와 의무에 대한 정보를 제공한다.
- 위기에 처한 이주자에게 영사 보호*와 인도적인 지원을 보장한다.
- 이주자가 미등록 상태에 놓이는 것을 방지한다.
- 미등록 이주자가 강제 추방당할 것을 걱정하지 않고 자신의 체류상태에 대해 개별적인 평가를 받을 수 있도록 한다.
- 아동·청소년을 포함한 미등록 이주자 가족이 체류자격을 취득할 기회를 마련한다.

08 이주자의 생명을 보호하고, 실종된 이주자에 대해 국제사회가 공동으로 노력한다

- 경유국이나 목적국의 구금*시설에 갇힌 경우를 포함해서, 보호자가 없거나 가족과 분리된 아동·청소년이 가족과 영사관에 자신이 살아있다는 것을 알릴 수 있게 통신 수단을 지원한다.

- 이주자 생명 보호를 가장 중요하게 여기고 집단 추방 금지 원칙을 준수한다.
- 이주자의 생명을 보호하기 위해 국제법에 따라 공동으로 책임을 부담한다.
- 개별적인 수색, 공동 수색과 구조작업을 통해 생명을 살리고 이주자의 사망과 부상을 예방하기 위해 국제적으로 협력할 것을 약속한다.
- 사망자와 실종자의 신원을 파악하고 피해 가족과 소통하기 위해 노력할 것을 약속한다.
- 이주자가 실종되는 일이 생기지 않도록 정책과 제도를 점검한다.

09 이주자 밀입국 알선에 관한 국제협력을 강화한다

- 이주자 밀입국 알선과 인신매매 범죄를 방지하기 위하여 국제사회가 공동으로 노력한다.
- 밀입국 이주자라 하더라도 인권을 보호하고, 단지 밀입국했다는 이유로 이주자를 처벌하지 않도록 한다. 특히 여성과 아동의 인권을 보호한다.

10 인신매매를 방지하고, 퇴치하고, 근절한다

- 인신매매를 수사하고 처벌하기 위한 역량과 국제협력을 강화한다.
- 여성과 아동에 특별한 주의를 기울여 인신매매 피해자를 찾아 보호하

고 지원한다.

- 인신매매 피해 이주자가 신체적·심리적·사회적으로 회복될 수 있도록 돕는다. 목적국에서 임시 혹은 영구히 체류하며 피해를 구제받도록 보호하고 지원한다.

11 통합적이고 안전하게 국경을 관리한다

- 국경 관리에 관한 국가 주권을 존중하며 국가와 공동체, 이주민의 안전을 보장한다.
- 법치주의와 국제 인권법을 기반으로 체류자격과 무관하게 모든 이주자의 인권을 존중하며, 차별 없는 정책, 성 인지적·아동 친화적인 정책을 도입한다.

12 심사와 평가 등 이주 행정을 더 확실하게 하고, 과정과 결과를 예측할 수 있게 한다

- 인권을 고려해 모든 이주자를 적합하게 심사하고 개별 평가할 수 있도록 이주 행정 제도를 마련한다.
- 입국·체류허가·노동·학업 등 이주자의 활동 요건에 따라 필요한 정보를 공개적으로 제공한다.
- 절차를 투명하고 간소하게 하여 필요 없이 지연되거나 쓸데없는 비용을 들이지 않게 한다.

- 인신매매 피해자·아동, 특히 보호자가 없는 아동·가족과 분리된 아동 등 취약한 상황에 놓인 이주자를 즉시 알아보고 지원할 수 있도록 공무원 등을 교육한다.

13 이주자 구금은 최후의 수단으로만 사용하고 다른 방안을 우선 활용한다

- 이주자에 대한 자의적 구금을 금지하고, 저마다 개별적으로 평가하여 법률이 정한 절차와 원칙에 따라 구금 여부를 결정한다.
- 권한 있는 공무원이 구금을 집행하고 구금 기간을 짧게 할 것을 약속한다.
- 구금이 이주자에 대한 잔인하고 비인도적인 처우가 되지 않도록 이주자 구금과 관련한 법과 정책을 점검하고 개정한다.
- 구금된 이주자에게 구금당한 이유를 이해할 수 있는 언어로 전달한다.
- 구금된 이주자가 변호사에게 무료 또는 저렴한 비용으로 자문받을 수 있게 한다.
- 체류자격과 무관하게 모든 아동이 '아동 최상의 이익'을 누릴 수 있도록 존중하며 아동 구금을 근절한다.

14 이주 과정 전반에 걸쳐 영사 보호, 지원 및 협력을 강화한다

- 국제법에 따라 모든 이주자의 권리와 이익을 더욱 잘 보호할 수 있도

록 해외에 있는 국민에 대한 영사 보호와 지원을 강화한다.

- 영사 공무원이 인권침해 피해자·학대 피해자·범죄 피해자 등 국외에서 취약한 상황에 놓인 국민을 확인하고 보호할 수 있도록, 성 인지적이고 아동 친화적인 조치와 인권에 대해 교육한다.
- 해외에 있는 국민에게 출신국에 등록할 기회를 주고, 신분을 증명할 서류를 발급한다.
- 출신국·경유국·목적국 정부 간 영사 협력을 강화한다.

15 이주자에게 기본적 서비스를 보장한다

- 체류자격과 관계없이 모든 이주자에게 행정지원 받을 권리를 보장한다.
- 국민과 등록(정규적) 이주자에게 추가로 제공하는 서비스와 별개로, 모든 이주자가 인종, 피부색, 성별, 언어, 종교적·정치적 또는 그 밖의 견해, 출신국가와 사회적 출신, 가난, 출생, 장애 또는 기타 이유로 차별받지 않도록 법률을 제정한다.
- 건강권을 지키기 위한 보건 서비스, 아동·청소년의 학습권을 지키기 위한 공평한 교육, 언어교육과 기술교육, 직업훈련 등 기본적인 사회보장 서비스를 차별 없이 제공한다.
- 공무원이 미등록 이주자의 정보를 출입국당국에 전달해야 하는 '통보 의무'로 인해, 이주자가 기본적 서비스를 이용하는 데 제한받지 않도록 보장한다.

16 완전한 포용과 사회통합을 이루기 위하여 노력한다

- 이주자가 적극적인 사회 구성원이 되도록 이주자의 역량을 강화한다.
- 이주자를 포함한 공동체가 서로 교류하고 포용하며 화합하는 사회를 만들 것을 약속한다.
- 사회에 잘 적응한 이주자가 사회 번영에 더욱 기여할 수 있다는 인식으로, 사회 모든 구성원의 복지를 증진할 것을 약속한다.
- 이주자를 포함한 사회 공동체가 서로 문화와 전통·관습을 존중하며, 다양성을 받아들이고 사회의 통합과 포용을 증진하기 위한 정책을 편다.
- 이주자에게 취업국의 언어, 권리와 의무, 사회규범과 관습을 배울 기회를 제공한다.
- 여성 이주자의 리더십을 증진한다. 자유롭고 동등하게 사회 활동과 경제 활동에 참여하도록 보장한다.
- 지역 주민 모임에 이주자가 참여하여 문화 간 대화 속에 상호 존중을 꾀할 수 있는 프로그램을 만든다.

17 이주자에 대한 모든 종류의 차별을 철폐하고, 사실을 바탕으로 이주자에 대한 담론이 형성되도록 장려한다

- 이주자에 대한 차별을 철폐한다.
- 이주자에 대한 인종주의·인종차별·폭력·혐오 표현과 범죄 행위를 규탄하며 이에 맞설 것을 약속한다.

- 이주자에 대한 혐오 범죄를 처벌하는 법을 제정한다.
- 표현의 자유에 관한 권리를 옹호하는 동시에, 이주자를 겨냥한 혐오 범죄에 적극적으로 가담한 사람에게 법에 따라 책임을 물을 수 있도록 한다.
- 언론의 자유를 존중하며, 언론인에게 이주 관련 사안과 용어에 대해 교육하여 감수성을 높이고, 윤리적 보도와 광고를 지원한다.
- 이주자에 대한 혐오와 인종주의, 차별을 조장하는 언론에는 지원을 중단하는 등의 방법으로 객관적인 보도를 독려한다.

18 이주자의 기술 숙련을 돕고, 기술·자격·능력을 상호 인정한다

- 이주노동자가 취득한 기술과 자격을 출신국과 취업국에서 상호 인정하는 기준을 마련한다.
- 이주노동자가 취업국에서 지내는 동안, 또 출신국으로 귀환한 후 직업을 구하는 데 필요한 기술을 교육하고, 양질의 일자리를 보장할 것을 약속한다.

19 이주자와 디아스포라(영구이민자)가 사회발전에 기여할 수 있는 환경을 만든다

- 이주가 출신국과 경유국, 취업국의 사회발전에 중요한 영향을 미치는 현상이라는 점을 다시 한 번 확인한다.

- 이주자와 디아스포라(영구이민자)가 사회발전에 기여할 수 있도록 한다.

20 이주자가 더욱 신속하고, 안전하고, 저렴한 수수료로 해외송금할 수 있도록 한다

- 이주자가 빠르고 안전하고 싼 수수료로 가족에게 송금할 수 있도록 한다.
- 이주자의 송금이 이주자와 그 가족의 안녕과 국가 발전에 미치는 영향력을 높인다.
- 2030년까지 해외송금수수료를 송금액의 3퍼센트 미만으로 낮춘다. (한국 평균 송금수수료는 송금액의 7.5퍼센트)
- 여성 이주자가 금융을 이해하고 공식적인 송금 제도를 이용하도록 돕는다. 여성 이주자가 은행 계좌를 열고 활발하게 경제 활동에 참여할 수 있게 한다.

21 안전하고 존엄성이 존중되는 귀환과 지속가능한 재통합을 위하여 협력한다

- 이주자가 존엄성을 지키며 안전하게 출신국으로 돌아갈 수 있도록 보장한다.
- 이주자가 귀환 후 출신국 사회에 재통합하여 계속 삶을 이어갈 수 있도록 지원한다.

- 성 인지적이고 아동 친화적인 귀환과 재통합 프로그램을 지원한다.

22 사회보장을 받을 권리를 연계할 수 있는 구조를 만든다

- 이주자가 취업국에서 사회보장 혜택을 받을 수 있고, 계약 기간이 끝난 후 출신국이나 다른 나라로 옮겨가서도 그 혜택을 누릴 수 있도록 지원할 것을 약속한다.
- 취업국과 출신국의 사회보장 체계가 달라 건강보험, 실업급여, 연금 등 이미 쌓아 놓은 사회보장 혜택을 상실하지 않도록 지원한다.

23 안전하고 질서 있고 정규적인 이주를 위한 국제협력과 파트너십을 강화한다

- 모든 나라가 송출국이자 경유국이며 도입국이라는 인식으로 글로벌 파트너십과 국제협력을 강화한다.
- 모든 나라는 연대 의식을 갖고 서로 협력하고 지원할 것을 약속한다.

...